JN002310

亡くなった人と話しませんか

スピリチュアルテラー　サトミ

幻冬舎

亡くなった人と話しませんか　目次

第1章

死者と話すということ

第2章・亡くなった人は、すぐそばにいる

第3章・死者から届く言葉には生きるヒントが含まれる

第4章 私も順風満帆な人生ではなかった

第5章

残された人には幸せになる義務がある

第6章 うれしいことがたくさん起きる暮らし方

＊本書に登場するケースは、個人が特定されることのないよう事例の一部を変更しています。
＊著者は一般の方からの相談は現在、お受けしておりません。

装丁／萩原弦一郎（256）
構成／江角悠子
DTP／美創

第1章

死者と話すということ

❋子どもの頃から「みえない人の声」が聞こえていた

「旅立ってしまった大切な人と、もう一度話がしたい」

みなさんはそんなふうに思ったことはありませんか。

私は今、京都をベースに「スピリチュアル テラー（届ける人）」として活動しています。相談者から依頼があると、対面して亡くなった人などから届く言葉やメッセージを伝えたりしています。

私は小さい頃から、普通の人には聞こえない声が聞こえたり、みえないものがみえたりしていました。

先祖やその人に憑《つ》いている何かの声が聞こえる、あるいは、その人へのメッセージがときに映像として浮かんでくることもあります。

そうしたスピリチュアル テラーとしての力に気がついたのは、私が20歳になった頃でした。小さな頃は、それを特別な能力と思わず、誰もができることだと思っていたのです。

私自身はあまり記憶にないのですが、子どもの頃のことを母親から聞かされたことがあります。一緒に道を歩いていると、私は人とすれ違うたびに「あの人は今こう思っててんねん」「あの人の勤めてる会社、もう危ないわ」などと口にしていたそうです。今でこそ通りすがりの人の心を読み取っていたとわかりますが、当時、母は私が憶測でものを言っていると思ったようで、「思いつきで、そんなこと言うたらあかん」としょっちゅう怒っていたと言います。

またバスに乗ると、「その人に近づくと何か憑くで」（失礼！）と言って怖がることもあったようです。

近所の人に対しても、「あの人死ぬで」と私が言った数日後に、元気そうだったその人が亡くなったり、テレビで芸能人をみたときに「この人危ないわ」と言うと、直後に亡くなったりしたことがあって、「この子、ちょっと不気味やなって思ってたわ」と後々、母に言われたこともありました。

そんなふうに、子どもの頃は届くことを全部口に出して言っていたので、それが母にとっては、とにかく心労のようでした。

私が目にみえないものを読み取れることについて、母は特殊な才能とは思いもせず、遂《つい》には私のことを、「あの人はこう思っているに違いない」と勝手に決めつける、思いこみの激しい性格だと考えたようです。そのため「あんたは神経質で、人のことばっかり気にしすぎや」と、よく注意されていました。

そんな経験もあって、届くことを口に出して言うのはいけないことなのだと子ども心に思い、その力を少しずつ封印するようになりました。

生まれる前の約束をはたす

私には、わずかながら生まれる前の記憶があります。光の中に私がいて、ぼんやりとした、大きな光の存在に懇願しているのです。

「人を助けたい、みんなを幸せにしたいので、どうか生まれさせてください」と。

そんなふうにお願いしているシーンを、小学生のときに突然、鮮明に思い出しました。そして、もう一度だけこの世に生まれることができたら、もう生まれ変わらなくてもいいということも、そのときに誓っています。なので、私が人間として生きていけるのは、現世（現在の、この世）が最後です。

そうやって、みえない世界とみえる世界の架け橋になりたいと願い、許しを得て、私はこの世に生まれてきました。

ずっと封印してきた力を、大人になってから再認識することができ、持って生まれた使命を全うするために、数年前からスピリチュアル テラーとして活動を始めました。

交通事故で亡くなった20歳の妹

これまでにたくさんの方にお会いして、いろいろなメッセージを受け取ってきました。

ここからは、みえない世界からの声や映像がどんなふうに届いているのか、ご紹介したいと思います。

私が死んだ人と交信できるとは知らずに、仕事のことなどで相談にこられる方も多いのですが、40代前半のRさんもその一人でした。

話の流れでRさんがふと、妹さんの話をされたときに、妹さんが私のところにきてくれたのがわかりました。そして私に、「私たち、顔が似てなかったんだよ」と言います。

そこで、「妹さんが、私たち、顔が似てなかったんだよと言っているんですが、そうなんですか」と聞いてみました。

すると、Rさんはすごく驚いた顔をして、こう言いました。

「妹は交通事故に遭って死んだんです。サトミさんには、死んだ人の言葉も届くのですか」と。

私には、死者からのメッセージは生きている人と同じような感覚で届くので、Rさんの話を聞いて、初めて妹さんが亡くなっていることを知りました。

Rさんによると、妹さんが20歳のとき、乗っていた車に飲酒運転の車がぶつかり、その事故で亡くなってしまったそうです。

「私たち姉妹は顔があまり似てなくて、そのことをときどき妹と二人で笑い合っていたことがありました。今のサトミさんの言い方が妹とそっくりで、すごく驚きました」

私は届いたメッセージを、口調も表現もそのままお伝えしているので、そう感じたのでしょう。

小さい頃はケンカばかりしていたそうですが、Rさんの大学進学で離れて住むようになった頃から仲よくなり、休みになると一緒に旅行へ行ったり、二日と開けず電話をしたりするほどだったそうです。

続いて届いたメッセージは、事故当日は友だちと遊びに行っていて、とてもよい一日を過ごしたということでした。その口調からも、その日がどんなに楽しかったのか伝わってきます。

「そうなんです。あの日、妹は仲のよい友だちとクリスマスイルミネーションをみに行っていました。楽しく過ごしていたんですね、友だちと」

ほかには「お姉ちゃん、いつも気にかけてくれてありがとう」とも言っていました。亡くなったあとも「こんなときに妹がいてくれたらなぁ」と思い、妹さんの好きだった歌手の新曲が出たら、「妹にもこの曲を聴かせてあげたかったなぁ」と考えるなど、Rさんはとにかく妹さんのことが頭から離れることはなかったとのこと。

その思いは、死んだ妹さんにも、しっかり届いていたのでしょう。でも、もしかしたら、妹のことばかり考えているRさんのことが、逆に心配になったのかもしれません。だからこそ、「私は、大丈夫だよ」という思いもあって、「いつも気にかけてくれてありがとう」という言葉になって出てきたように感じました。

Rさんは、ずっと静かに私の話を聞いていましたが、最後になって、「死んだ妹からのメッセージが届くなんて、信じたいけれど、でもやっぱり半信半疑で、どう捉えていいか混乱しています」と言いました。

私は、相談にこられた方が、私に届いた言葉を信じられなくてもいいと思っています。

ただ、メッセージを聞いて、その人が少しでも前を向いて歩こうと思ってくれたら、それだけで自分なりの役目をはたせたように思います。

「サトミさんの言葉が、本当だとも嘘《うそ》だとも思いません。どっちでもいいのかもしれません。私は妹が死んでからずっと、最後にもう一回だけ話をしたいとずっと思っていました。さよならも言わずに会えなくなって、あの日からずっと、心の時間が止まったままのような気がしていたんです。でも今日、サトミさんのメッセージを聞いて、その気持ちが満たされました」

すごくスッキリした顔でそう話すRさんをみていたとき、「あ、これはもしかしたら、妹さんが私とRさんを引き合わせたのかもしれない」と直感的に感じました。

今回私がRさんと会うことになったのは、Rさんが「妹が死んだという事実」を受け入れ、過去にとらわれることなく自分の人生を歩いていけるように、という妹さんの計らいのような気がしたのです。

妹さんは会えないところに行ってしまったけれど、お互いを思う優しさはそのままで、仲のよさも変わらず。素敵な姉妹だなと思いました。

❋亡くなった人のものは処分したほうがいい

もう一つ、妹さんからは、こんなメッセージも届いていました。

「写真はもう捨てていいよと言っていますが、何の写真かわかりますか？」

「妹は写真を撮るのが好きで、どこにでもカメラを持ち歩いて撮影していました。実家にはまだ妹が撮った写真がたくさん残っています。その写真のことかもしれません」

聞くと、妹さんが亡くなってすでに20年以上経った今も、実家には妹さんの勉強机やラジカセ、本などがそのまま部屋に残してあるとのこと。その中には、妹さんが趣味で撮影した膨大な量の写真もあるということでした。

妹さんは、自分がいなくなった今、大量の写真や使っていたものは捨ててほしいと思っているようでした。また、お母さんが「ものを捨てられない人だ」ということも、よくわかっていたようです。だからこそ、このタイミングでお姉さんに写真を処分してもらおうと、「写真を捨ててもいいよ」とメッセージを送ってきたのでしょう。

写真に加え、「1階の奥にしまってあるものも全部捨ててね」というメッセージも伝えたところ、部屋の奥はクローゼットになっていて、そこにも妹さんの着ていた服や鞄、靴を置いたままとのこと。

「ずっと手をつけられずにいましたが、本人がそう言っているなら、思い切って捨てられそうです」

Rさんのように、故人が使っていたものが捨てられずにいる方は多いようです。片づけることは大切な思い出を捨てるようで、寂しく辛《つら》い気持ちになるのでしょう。

遺品を処分することに罪悪感を持つ方もいると思いますが、亡くなった方からは基本的に、ものは全部捨ててほしいというメッセージが届きます。

Rさんも今回のことがきっかけで、遺品の片づけ作業に取りかかり、同時に気持ちの整理も進むのではないかと思います。

死んだことに気づいていない人

あるとき、旦那さんを自殺で亡くされた女性Tさんが相談にきました。生前、旦那さんはうつ病をわずらっていたそうです。

その旦那さんのメッセージを聞こうと試みたのですが、姿がぼんやりとしていて、どうもはっきりしません。それでも亡くなられた当日の様子だとわかりました。

どうやら帰るべき家と、まったく違う方向に向かって歩いているようです。

そこでTさんに「旦那さんが亡くなられた日、家があるのとは違うほうへ行っていませんでしたか？」と聞くと、「実は、夫は家から遠く離れた駅で、電車に飛び込んで亡くなったんです」という答えでした。

それを聞いて、もう一度旦那さんからのメッセージを読み取ろうと試みました。

すると、旦那さんは駅のホームで「フラッとよろけてしまっただけ」と思っていることが伝わってきました。つまり、自分の意思で線路に飛び込んだわけではなかったのです。

そうした背景があったため、旦那さんは自分が「死んだ」ことに気づいていませんでした。亡くなってからすでに2年近く経っていましたが、成仏することなく、ずっとこの世をさまよっていたようです。

そこで私が、「あなたはこういう事情で、すでに亡くなっていますよ」と伝えたところ、徐々に自分の置かれた状況を理解しているようにみえました。そして、しばらくすると「死ぬつもりじゃなかったんだ」と言い始めたのです。「迷惑かけてごめん。子どもを任せてしまってすまない」としきりに謝っています。

二人ともまだ30代前半と若く、お子さんも小さかったので、Tさんがシングルマザーとして働きながら育てているようでした。

その言葉を聞いたTさんは、目を真っ赤にして、涙声で話してくれました。

「私や子どもを見捨てて、勝手に死んでしまった夫を、今までずっと許せないと思っていました。でも夫は、死にたくて死んだわけじゃなかったんですね。それがわかっただけでも、すごく救われた気がします」

旦那さんを亡くした悲しみは、もちろんあったと思います。ですが、Tさんにしてみたら、「夫の死は私のせいだ」と自分を責める気持ちや、「なんで黙って死んでしまったの」といった怒りもあったのでしょう。

ですが、旦那さんは、家族を見捨てて死を選んだわけではありませんでした。

これまでTさんは、旦那さんの死を受け入れられず、仏壇の前で手を合わせることもほとんどなかったそうです。

「でも、これからは、きちんと仏壇の前で手を合わせます」と言うので、その言葉を旦那さんに伝えました。

すると、最初はぼやけていた旦那さんの姿が、次第に驚くくらいクリアにみえるようになりました。それは、旦那さんが成仏した証《あかし》だと私は受け取りました。


昔、映画「シックス・センス」でも描かれていましたが、成仏していない人の中には、この世でこれまでと同じように日常生活を送っている人もいます。ですが、誰からも反応してもらえず、いわばずっと無視されているような状態ですから、幸せにはほど遠いといえます。

旦那さんを亡くして以来、ずっと落ち込んでいたというTさん。最後に、こう話してくれました。

「これまでずっと自分を責めて、あのときああしておけば……と後悔することばかりでした。夫からのメッセージを聞けたことで、心がふっと軽くなった気がします」

今回のことで、旦那さんもTさんも、ようやく「死」を受け入れられたのだと思います。大切な人の死を受け入れることは辛いですが、それが、残された人がこの世をしっかりと生きていくための第一歩となる気がしています。

成仏していなかった友人

若くして亡くなった友人の女の子がいます。その子も、自分が死んだことをわかっていませんでした。

彼女は病気のため入院していましたが、延命治療はせず、最後は眠るようにして穏やかに亡くなりました。あまりにも自然だったため、自分の死に気がつけなかったようです。

あるとき、生きていた頃のように、ふいに私を呼ぶ声が聞こえてきました。話しかけられて、私も普通に受け答えをしていたのですが、途中で「あれ、おかしいな。そういえばもう亡くなったんじゃ……」と気づきました。要は、友人は成仏できていなかったのです。

そこで、「〇〇ちゃんはもう、この世にはいないんやで」と正直に伝えたところ、彼女は、「やっぱりな」と言っていました。

「だって、いくら話しかけても、みんな全然反応してくれへんし、おかしいなって思ってた。死んだ人には、反応できひんやんな。みんなの様子がおかしいなとは思ってたけど、これでようやくわかったわ」と納得してくれたようでした。

このほか自殺で亡くなった人や、この世に未練を残している人など、成仏しづらい人はいます。私には、成仏している人と、していない人では、みえ方や声の届き方が違います。

亡くなった人の姿がみえなくても、その場の空気感や、みえない存在が発するエネルギーで伝わってくることがあるので、そこで成仏しているか否かを判断するのです。

そして、成仏しないことには次のステージには進めないので、成仏していない人には、きちんと状況を伝えるようにしています。

友人はあれから現れることはなかったので、ちゃんと成仏できたのだと思ってホッとしたのを覚えています。

人が亡くなることは一概に悲しいとはいえない

人はみな、死の瞬間や死後の世界がどういうものかが、わかりません。わからない、知らない世界だからこそ、人は死が怖くて不安になり、おそれるのだと思います。

とはいえ現代は、「亡くなる＝怖い、悲しい」という負のイメージが強すぎるような気がしています。

たしかに、亡くなった人と会えなくなったり、おしゃべりできなくなったりするのは、とても寂しく、悲しいことです。

でも、死は、この世の誰もが平等に通る道です。

だからこそ、それを単に「悲しい」「辛い」事柄として捉えてしまうのは、ちょっと違うような気がします。

最近私は、人が亡くなることを、一方的に悲しいこと、不幸なことだと決めつけるべきではない、と思うようになりました。

そんなふうに考えるようになったのは、ある相談者の言葉があったからです。


その方は、30代半ばの女性。まさに相談にこられた日の明け方に、遠く離れて住んでいたおばあちゃんが亡くなられたと言います。身近な親族を亡くされた直後で、大丈夫かなと思って聞いてみると、「私、人が亡くなることに対して、いっさい悲しいと思わないんです」という答え。

これまでにたくさんの人の相談にのってきましたが、これは初めて聞く一言でした。なかなかに強烈で、いい意味で衝撃でしたが、逆にストンと腑《ふ》に落ちました。

というのも、私にメッセージとして届く「死後の世界」は、必ずしも悲しい世界ではないからです。私には、死後の世界はシンプルに、「次にまた生まれ変わるまでを過ごすための場所」として届いてきます。

ましてや、亡くなる直前は歩けなくなっていたり、自分の意思では体を動かせなくなっていた人が、あの世では元気に歩いていたり、80代で亡くなった人が若返って30代の頃の姿になっていたりすることもあるのです。

あの世から届く亡くなった人の姿は、はつらつとした一番元気だった頃のものであることも多いのです。

長らく病気をわずらい、人生の後半をずっとベッドの上で過ごし、「痛い、痛い」と言いながら亡くなった人が、あの世ではまったく痛みを感じることなく、元気だった頃のように過ごしている様子が届くこともよくあります。

そうした死後の様子や、元気な姿でいることを相談者に伝えると、みなさんすごく喜ばれます。

そんなふうに死後の世界を理解できれば、亡くなることは、新たな出発にもなりうるのです。死者にとって、死後の世界が現世よりずっと心地いい場所であるなら、死を悲しむ必要はありません。

私は、実際にそんな世界をたくさんみせてもらい、どんな場所であるかを知っていたので、その女性の「死はいっさい悲しくない」という発言を聞いて、「たしかに悲しいばかりではないな」と、改めて気づかされたのでした。

現世を思いっきり生きたからこそ行けるのが、死後の世界です。嘆き悲しむよりも、「現世ではお疲れさまでした」と、笑顔で送り出すほうがふさわしいのかもしれませんね。

祖母と母の思い

このおばあちゃんを亡くされた女性は、自身のお仕事の相談があって、私のところへこられました。話をしているうちに、私のほうへ直接、亡くなったおばあちゃんからメッセージが届いてきて、「孫と話がしたい」と言います。

そこで女性に確認すると、「私もおばあちゃんと話がしたい」と言うので、さっそくメッセージを伝えました。

おばあちゃんが孫に伝えたかったのは、「会いたかった」という言葉でした。

おばあちゃんは、相談者が幼い頃から、彼女のことをすごくかわいがっていたようです。ただ、小さいときはたくさん会っていたのに、大人になってから、そして亡くなる直前は、ほとんど会えていませんでした。おばあちゃんは、それがとても寂しかったようです。

「でもおばあちゃんが、今日あなたとおしゃべりできてうれしい、もっと会いたかったね、と言っていますよ」

その後、相談者が「私だけではなく、母に対しては何も言っていないですか？」と聞いてきます。

女性の母、つまりおばあちゃんの娘にあたる人へのメッセージです。

その質問をすると、さっきまでうれしそうにお話ししていたおばあちゃんが、とたんに口ごもりました。メッセージがないわけではなさそうですが、「うーん」と言って、何やら言いづらそうにしています。

それでも辛抱強く待っていると、ようやく出てきた娘に対する言葉が、「ごめんなぁ」でした。

何に対して謝っているのかわからず、おばあちゃんに聞いてみると、「そう言ったら、わかるはずです」と言います。仕方なくそのまま伝えたところ、その言葉を聞いた女性は、ポロポロと涙を流し始めました。

詳しく話を聞くと、亡くなったおばあちゃんとお母さんは、ずっと仲が悪かったとのこと。おばあちゃんは、若くして娘を出産。幼い娘を抱えつつ、若さゆえか自分のことばかり優先して、小さな娘に向き合うことをせず、手をかけて育てることができなかったという後悔がありました。

その後悔があったからこそ、娘に子どもが生まれたとき、娘にできなかったことを取り戻すかのように、孫をかわいがりました。でもお母さんは、幼いときにしっかり愛情をかけてもらえなかったことを、ずっと恨んでいたようです。

相談にきた女性は、お母さんのことが大好きですし、自分をかわいがってくれるおばあちゃんのことも、もちろん大好きです。それなのに、大好きな二人が仲が悪いのをみて育ち、心を痛めていたようでした。

それまでは、おばあちゃんの死を悲しむ様子もなく冷静だった女性が、「ごめんなぁ」の一言を聞き、涙する様子をみて、私は「ああ、これこそがおばあちゃんの一番言いたかった言葉やったんやな」と理解しました。

おばあちゃんは、生きている間には娘には言えなかったけれど、やはり亡くなってから後悔したのでしょう。私のところへきて、ようやく言えなかった気持ちを間接的にですが、伝えられたのです。

お母さんはおばあちゃんに対して、やるせない気持ちを抱いていたようでしたが、おばあちゃんの介護を最後までしっかりとやり、看取《みと》ったそうです。

その間、おばあちゃんにも「謝りたいけど、謝れない、謝りたくない……」と葛藤《かっとう》があったのかもしれません。

でももし、これをおばあちゃんが生きているときに直接言われていたら、女性のお母さんはどれほど救われただろうと思います。

今回、女性が私のところへ相談にこられたのは、孫を通して、娘にその一言を伝えたいがゆえに、おばあちゃんが呼んだのだと思いました。

そして私のところへこられた日は、偶然にもおばあちゃんの亡くなった日だと言います。

こうして考えてみると、偶然に思えるような出来事にも、必然ともいうべき何かが隠されているのだと思います。

死ぬときは誰かがきてくれるのか

皆様の中には、天国にいるであろう、先に亡くなった人に対し、「私が死んだときは、お迎えにきてほしい」と思う人もいるでしょう。

死後は、どんな世界が待ち受けているのかよくわからない。だからこそ、死ぬときはすでに先に逝っている誰かに迎えにきてほしいと思う気持ちは、よくわかります。

実際はどうなのかというと、亡くなったときに、迎えにきてくれる人はいます。ただ、生前にきてほしいと思っていた人に会えることは、まれなようです。

とはいえ、きてほしいと願う人が迎えにこない場合も、亡くなった人が安心してあの世へ行ける状況を用意してくれているので、不安に思うことはありません。

生前、きちんとご先祖さまに手を合わせていた人や、自分の人生をしっかり歩むことができた人には、その方にふさわしいお迎えが用意されているので安心してください。

先ほどから「お迎えにくる」と表現していますが、「お迎え」というよりは、亡くなる瞬間にそばにいる「立ち会い」のイメージが強いのです。

亡くなったときに、現世からあちらの世界に一緒に行ってくれるのではなく、亡くなる瞬間に立ち会ってくれるだけです。それを見届けたら、そのあとは基本的に一人で進むことになります。

きちんと成仏した人は、亡くなった直後、何かしら乗りものに乗って移動します。

その間意識はないので、亡くなったあと、ぱっと目が覚めたら、すでに「閻魔様《えんま》」のいる門の前に到着したという感覚になると思います。門の先には川が流れているので、多くの人は「あれが三途《さんず》の川だな」と気がつくはずです。

私に届いてくるのは、絵本などでみる閻魔様とは少し違うイメージなのですが、ここではわかりやすく閻魔様としておきます。亡くなった人は、この閻魔様の前で地獄に行くか、天国に行くかが決まります。

ここで門をくぐって進む人もいれば（＝いわゆる「天国」へ行く）、くぐっても先に進まず、ずっとその場に留《とど》まっている人もいます。これが、次にお話しする、いわゆる「地獄」なのだと思います。

天国と地獄はあるのか

このとき、亡くなった人はみんなふだん着ていたような服を着ています。生前お洒落《しゃれ》が好きだった人は、限りなくお洒落な格好でいるのがみえます。

亡くなった人たちが行くあの世について、みなさんはどんなイメージを持っているでしょうか。

亡くなった人たちは、まず「成仏した人」と「成仏していない人」に分かれます。あの世に行けるのは、成仏した人だけです。成仏していない人は、私の友人がそうだったように、現世でもない、あの世でもないところをさまよっていることがあります。

次にあの世は、天国と地獄のようなところに分かれており、成仏した人は、このどちらかに行くことになっています。

天国の場合、三途の川を渡った向こう側に、お花畑が広がっている。そんな景色を想像する人がいるかもしれません。

でも私には、天国に行った人は、みんな川のそばを歩いている様子がみえています。お花畑が広がっていることもなく、ただ無限に川が流れている世界です。

成仏した人たちは、天国に行く人も地獄に行く人も最初はみんな、同じ川のそばにいます。そして天国へ行った人だけが、次にまた生まれ変わるために、ひたすら川のそばを歩いているのです。

川のそばを歩くのは、その人が生きてきた人生の振り返りをするためです。自分がどんな人生を送ってきたか、この振り返りをできる人だけが、前に進めるようになっています。

一方で、地獄がどんな場所かというと、私のみえる天国と地獄は、同じ場所にあります。天国にいる人も、地獄にいる人も同じ場所にいて、そこからみえている景色も同じです。ただ、本人の捉え方が違います。

地獄となっている場所には光があたっていませんが、その場から川のそばを歩く人たち（つまり、天国にいる人たち）の様子はみえています。地獄にいる人たちは暗い場所に留まったまま、光のあたっているほうへ行こうともしません。なぜ自分がここにいるのかも理解できていないのです。

地獄にいる人たちが、そのまま一生暗い場所から動けないかというと、そうではありません。地獄にいながらも、そこで自分の送ってきた人生を振り返り、みつめ直す準備ができたときに、前へ進むことはできます。

「自分はなぜここにいるのか？」と、自分のやってきたことに対してきちんと向き合うことで、天国へと歩き出せるようになっており、いつでも光の差すほうに向かえる仕組みになっています。

これと同じことが、現世でもいえます。

現状を不幸だと嘆き、まわりのせいにして、自分から動こうとしない人。これもある意味、地獄にいることと変わりません。

今、自分がどういう状態であるかをきちんと理解し、自分が何を望んでいるかをじっくり考えれば、次に進むべきところがわかるはずです。自分から動き出すことで、すぐそばにある光のあたる場所へ行くことができるのです。

自分が天国にいるか、地獄にいるかは、もしかしたら本人の捉え方次第なのかもしれません。人は天国にも地獄にも、どちらにも自由に行ける。人はみな同じ場所に立っているだけで、違いは「どこをみているか」だけなのかもしれません。

私に届く、いわゆる天国と地獄のイメージは、そんなふうになっています。

亡くなった人は何をしているのか

天国で川のそばを歩いている人は、「この先に行けば、きっと何かがある」という希望を持って進んでいます。

80〜150年ほど歩き続けるのですが、その長さは人によって異なります。これほどの長いスパンがある理由は、同じ時代に生まれると、同じような学びにしかならないためだと考えられます。

似たような時代に再び生まれるよりは、生きていた頃の自分を知る人が誰もいない、次の時代になってから生まれ変わるほうが、学びも多いに違いありません。そんな理由から、生まれ変わるまでに時間がかかるようです。

亡くなってから100年ほども歩き続けるなんて、大変そうと思うかもしれません。ですが、歩くということは、未来に向かって進んでいることを指します。天国で歩ける人は、すごく幸せな状態にあるのです。

亡くなった人が川のそばを歩いている最中、下界の景色（現世）がみえています。なので、現世にいる私たちが亡くなった人の名前を呼ぶと、気づいてもらうこともできます。小さな声でつぶやくだけでも、その声は届きます。

お墓や仏壇の前でなくても、お線香をあげたりお供えものをしたりすると、そうした行いはみえないエネルギーとなって、亡くなった人のところへ届きます。

そのエネルギーが糧《かて》となって、亡くなった人の歩くスピードが変わることもあります。

私たちが先祖にまったく手を合わせなかったり、忘れたりしていると、亡くなった人の足元が暗くなって歩きづらくなることがあります。すると、その方たちの生まれ変わるタイミングも遅くなってしまいます。

私たちのエネルギーが亡くなった人を助けることもありますし、逆に、亡くなった人もエネルギーを持っていて、そのエネルギーに私たちが守られることもあります。

この世とあの世は、お互いに影響し合っているのです。

ですから、「困ったときの神頼み」のような、お願いごとがあるときだけ仏壇の前で手を合わせるのはあまりよくありません。

一方で、ふだんからこまめに心をこめて手を合わせておくと、本当に困ったときに先祖や亡くなった人のエネルギーに助けてもらえることはよくあるのです。

生まれ変われる人と、そうでない人がいる

さて、亡くなった人が歩き続けると、昔あった関所のような場所に着きます。そこで、再び生まれ変わるのか、もう生まれ変わらないかが決まるのです。

ただ、生まれ変われる人にも順番があります。

すぐに生まれ変われる人は、現世で徳を積んだ人です。徳を積んでいる人ほど、願いが叶《かな》いやすいようになっています。

人が生まれ変わるのは、まだ学ぶべきことがあるからです。だから、再び生まれ変わるチャンスをもらって、現世へと戻ってくるのです。

そして、この関所にたどり着くことのない、地獄にいる人たちが何をしているかというと、何もしていません。

そこからは未来はいっさいみえない、希望のない世界です。

現世でたとえるなら、独房のような感じでしょうか。何をしたらいいかもわからないところに置かれているので、まだ針の山を歩かされたりするほうが、動いている分、よっぽど楽なんじゃないかと思うくらいです。

地獄にいる人たちは精神的に一番辛い状態かもしれませんが、一度は自分が行ったことを振り返ってきちんと向き合うために、そうなっているようです。

なぜ成仏できない人がいるのか

死後、成仏できない方もおられることは、すでにお話ししました。

どういう人が成仏できないかというと、自分が死んだことに気づいていなかったり、自分の死を受け入れられなかったり、または現世に未練や執着がありすぎて、あの世に行くことを拒む方たちです。

そういう方たちは、死後もなお、「もっともっと生きたかった」という思いが強く残ってしまうのです。

まずは、自分が死んだと理解することが、成仏するために必要になります。

また、自分が死んだことに気がついたとしても、中にはそれを認めたくない人もいます。

先ほど、痛みを訴えながら亡くなった人があの世では痛みも取れ、元気に過ごしているという話をしましたが、成仏できていない人は、亡くなってからも、この世の痛みを抱えたままということがよくあります。

死んでいて肉体がないにもかかわらず、頭が痛い、手足が痛い、しんどい、そういった痛みから逃れられないのです。

ところが、死を受け入れると、そうした痛みからは解放されるのです。

私のところには、生きている人と話がしたいと、助けを求める人がやってくることもあります。

死んだことは理解していなくても、これまで通りに生きた人と話ができず、あれ、おかしいなと感じ、「どうやら、そういう状態の人と会話ができるらしい」と私をみつけて、やってくるようです。

ですが、そうした人がたくさんやってくると私も困るので、基本的に成仏した人からのメッセージしか受け取らないようにしています。

もし成仏していない人から、どうしてもと頼まれた場合は、「成仏すること」を約束してから聞くようにしています。つまり、自分の死を受け入れることを約束してもらうのです。

成仏とはつまり、誰かに認められて成仏できるのではなく、自分自身が生きて死んだ事実を受け入れることを指します。

自分で自分の死を受け入れ、現世への未練を断ち切り、あの世に行く覚悟ができれば、どんな生き方をした人でも成仏することはできるのです。

❋死んでも自分の魂はそのまま残る

あの世にいる方をいろいろみさせてもらって感じたのが、亡くなってからの世界は、その人の人生の歩み方が、そのまま形になるということ。

つまり100人いたら、生き方が100通りあるように、死んだあとの過ごし方も100通りあるということ。

死んだからといって、すべてがいったんリセットされて、新しい死後の人生が始まるということはありません。生きてきたまんま、地続きで死後の世界が始まります。死んで、また新しい自分に生まれ変われるわけではないのです。

あの世に行った時点で、人はみな、自分がどう生きてきたかを突きつけられます。それを「自分の歩んできた人生」としてきちんと受け止めることのできる人は、川のそばを歩いて、次の人生へと駒《こま》を進めます。

でも、生まれ変わったからといって、性格が変わるわけでも、今までできなかったことができるようになるわけでもありません。

死んでも魂は同じ。

来世もまた、今の自分のまま、生き続けるのです。

今の人生を諦めることなく精いっぱい生きることをしないと、また生まれ変わってからも、ずっと同じような人生が続いてしまいます。

何かを変えたいと思うなら、行動すべきは〝この今〟なのです。


私には来世はありませんが、過去には何度か生まれ変わっています。そのときの記憶がかすかに残っていて、前世で会ったことのある人と、現世で再会したことがあります。

それは、お客様としてきてくれた方でした。会った瞬間、その女性と私がいた過去のシーンがよみがえり、「昔、お会いしましたよね」と思わず言ってしまいました。

大昔、その女性と私は巫女《みこ》をしていました。当時、私は未来を読みすぎるせいか気味悪がられて、離れた場所に隔離されていました。

その向かいにちょうど、お客様としてこられた、その女性がいたことを思い出したのです。

肉体は変わっても、魂はずっと変わることがないからこそ、生まれ変わっても過去の記憶を持っているのだなと実感した瞬間でした。

亡くなった人同士は、あの世で会えるのか

自分の死後、あちらの世界で会いたい人に会えるかどうかを気にする人はとても多く、相談のときにもよく聞かれます。

これは残念ながら、基本的に会えない人のほうが多いです。

また、亡くなった人で、仲のよかった人同士があの世で再会して、仲よく過ごせているかというと、そうとも限りません。ご両親を亡くした方から「あの世で二人は会えていますか」と聞かれることもありますが、こちらも会えないケースがほとんどです。

天国では亡くなった方から順に川のそばを歩き始め、次にまた生まれ変わる未来へ

と進んでいきます。時間差で亡くなった場合、先に亡くなった人は、その分、先へ進んでいます。そうしたこともあり、会えないことが多いようです。

あの世で一緒に過ごすことはできなくても、先に亡くなった人がお迎えにきてくれることがあるのはすでに述べた通りです。

71歳のときに夫を亡くした女性は、その後98歳で亡くなりましたが、このときは先に亡くなっていた旦那さんがお迎えにきていました。

仲むつまじいご夫婦で、生前お互いのことを大切に思っていたからでしょう。

このときは孫にあたる男性が相談にこられたのですが、男性のすぐそばに、おじいちゃんとおばあちゃんがきてくれたことがわかりました。

旦那さんであるおじいちゃんは、亡くなる何年か前に脳梗塞で倒れ、その後遺症で半身不随となったようでした。

相談にきた男性は、生前、動かない右手をポケットにしまい、右足を引きずるようにして歩いていたおじいちゃんを思い出していたようでしたが、私のところに現れたおじいちゃんは、普通にスタスタと歩いていました。

また、おばあちゃんはおじいちゃんのことが大好きだということも、よく伝わってきます。

「シュッとした、ハンサムなおじいさんですね」と言うと、男性が「右手が動かなくなっても、いつもクシを持って、髪を整えることを忘れない、かっこいいおじいちゃんでした」と教えてくれました。

おばあちゃんが亡くなったときに、おじいちゃんが迎えにこられたようですが、そのあとはまたバラバラになり、それぞれ自分の歩くべき川のそばを歩いているようです。

それでもおばあちゃんは、おじいちゃんがお迎えにきてくれたことが、すごくうれしかったみたいです。

あまりないこととはいえ、こんなふうに死ぬときに再会できたら本当に素敵だなぁと思います。

孫に会いたいおじいちゃん

生まれ変わりに関して、印象的だった方がおられます。

相談にこられたのは、まだ小さなお子さんがいる女性Eさんでした。Eさんと対面していると、池のまわりをすごい勢いで走っているおじいちゃんがみえます。いつもなら、亡くなった方が川のそばを歩くシーンがみえるのですが、このときは池のそばで、歩くのでもなく、一生懸命走っているのです。

その風貌を伝えると、それはEさんのお父さんのようでした。

このおじいちゃんはとにかく孫が大好きで、もう一度孫に会いたいという思いが、ひしひしと伝わってきます。

「父は私の娘のことを、本当にかわいがってくれました。死ぬ間際まで気にかけていたのは、娘である私のことより、孫のことだったのです」とEさんは言います。

どうやらおじいちゃんは、孫の子どもとして、この世に生まれてきたいと考えているようでした。

「孫が結婚する日が楽しみやなあ。孫に、おじいちゃんがそっちに行けるまで待っててと伝えてほしい」とメッセージが届きます。

川のそばにいる場合は100年ほど歩き続けるようになっていますが、池の場合、川より歩く距離が短く、1周すれば終わりのようです。

おじいちゃんは早くゴールにたどり着くことによって、通常より早く生まれ返れることを確信していたのでしょう。現世での行いがよかったのか、普通よりもずいぶんと早く生まれ変われるようです。

これまで、川のそばを歩いている人ばかりみてきたので、おじいちゃんのようなパターンは初めてでした。

ただ、このおじいちゃんのように、全員が希望通りに生まれ変われるかというと、なかなかそうもいきません。

この世に再び生まれ変われたとしても、健康そのものなのか、はたまた人間として生まれるかどうかもわかりません。そう考えると、やはり現世で「人間」として生まれてきたことには、心から感謝するべきだと強く感じます。

この世に「人間」として存在しているという事実。それだけで十分に誇れることなのです。

「現世を生きたら最後」の人たち

私の人生は現世を生きたら最後です。もう二度と生まれ変わらないと約束して、この世に生を享《う》けたので、死んだら光になることがわかっています。

私と同じようなスピリチュアルの能力を持つFさんが相談にきたことがありました。Fさんは相談する中で、「私はもう、生まれ変わらないと思うんです。死んだら、光になるんです」と言っていたので、「ああ、私と同じような人がいるんだなぁ」と思いました。

Fさんは、3歳くらいのときに事故で入院していたそうです。そのとき、誰もいるはずのない狭い病室で、子どもが遊んでいるのがみえ、それをお母さんに言ったところ、「そんなこと言うたらあかんやろ」と、きつく口止めされたのだそうです。

その頃から、スピリチュアルの能力を感じていたようですが、私のように活動をすることはなく、ふだんは会社勤めをされていました。

偶然この方もスピリチュアルの能力を持っていましたが、その才能のあるなしや職業などにかかわらず、二度と生まれ変わらない人はいます。

それこそ人生をやり遂げた人というのは、もう生まれ変わることはありません。現世を生ききった人、満足して生きることを全うした人。自分でできる限りのことを全部やり尽くしたという人は、もう生まれ変わることはないのが、あの世とこの世の決まりのようです。

どういう人が地獄へ行くのか

自分が死んだあとの行き先には、自分がどう生きてきたかが大きく影響します。

重い犯罪を犯した人や自殺した人（例外もあります）などは地獄へ行きますが、それ以外では、どういう生き方をした人たちが行くのでしょうか。

それは、自分自身にたくさんの嘘をついて生きた人です。詐欺師という意味ではありません。嘘をつくというのは、自分の真心を大事にできなかった人。人の顔色をうかがい、自分の本心を隠して生きてきた人のことを指します。そういう人たちは、再び人間として生まれ変わることは難しいのです。

よい子を演じることが習性となってしまい、自分の気持ちより人の気持ちを優先してしまう人。本当はこうしたいけど、私には無理だろうなと、自分の心にフタをし続けることで自分自身を偽ってきた人……。一見すると、人のために生きているのですから、よさそうな気がします。

でも、はた目にはどんなに人に尽くしていたとしても、自分の本心で生きていない人は、残念ながら、現世で、やり残した思い出ばかりになってしまうのです。

この世で、自分の心に嘘をつきながら生きてきた人は、いただいた命（時間）を有意義に使うことができなかった、ということなのです。

今の時代、「空気を読む」ことを強いられたり、みえない同調圧力があったりと、自分に正直に生きることは、なかなか難しいのかもしれません。

ですが、自分自身を大切に生きていないということは、あの世では罪深いことだと理解して、自分の心に正直に生きること（できるだけ思いやりの心を持って！）を心がけてもらいたいと思います。

人の寿命はみない

この仕事をしていると、重い病気になられた方が相談にこられることもよくあります。みなさんが何より気にされているのが、いつまで寿命があるのかということです。「いつまで生きられますか？」と聞かれることも多いのですが、私は人の寿命はみないと決めているので、その質問にお答えすることはありません。

ただ、一分一秒でもその方が長く生きるにはどうすべきか、そのためのメッセージは読み取って、全部伝えています。

いつ死ぬのか、そのときがくるのを不安に思うより、生きている今、今日一日をいかに充実させて過ごすかに意識を向けてもらいたいと思うからです。

ご本人だけではなく、旦那さんやご両親が病気という方がこられることもあります。その際に届いたメッセージから、「そんなに長くは生きられないかもしれない」とわかったとしても、そのまま伝えるのではなく、「今のうちに、できるだけ会いに行く回数を増やしてあげてくださいね」とアドバイスをすることはあります。

大切な方を亡くしたあと、残された人が一番辛いと感じるのは、「あのとき、〇〇してあげたらよかった」「もっと〇〇すればよかった」と悔やむことです。

亡くなったあとにいくら悔やんでも、今を生きていくのに何の役にも立ちません。そんな後悔をしないためにも、会いに行くのに時間やお金がどんなにかかろうが、仕事が忙しかろうが、自分が納得できるまで何度も会いに行ってほしいと思います。

でも、どれだけやったとしても、悔いの残らない人はいないのかもしれません。

それでも、なるべく顔をみせる努力をしていたら、元々は100あったかもしれない後悔も、70くらいまでは減らせると思います。

とはいえ、もし今、悲しみと後悔の中で生きている人がいたら、まずは「後悔を抱えたままでもいい」と伝えたいと思います。

同時に、そのままでは、「命の時間」が無意味に失われていくという危機感を持っていただきたいとも思っています。

これはとても大切なことですが、亡くなった人には、生きている人に何かと後悔されるのは迷惑とまではいわないまでも、「そこまで思い詰めてもらわんでもいいのに」という思いがあるようです。

今を生きている人が、亡くなった人と同じように人生の時間を止めてしまうのは、本当にもったいないことです。

「あのとき、〇〇してあげたらよかった」よりも、「私は今、新しい仕事を頑張っているからね」とか、「今度〇〇するから、天国からみててね」というメッセージを届けられたほうが、亡くなった人も喜ぶのです。

もし故人に何もしてあげられなくて後悔しているのなら、今、目の前にいる人に何かをやってあげようというふうに、後悔をプラスに活かせるように考えてほしいと思います。

❊亡くなった人と話せるチャンスは一度きり

お客様の中には、最初から亡くなった人と話したいと相談にこられる方もいれば、相談の最後になって、実は母親が病気で……と、亡くなった方の話になることもあります。亡くなった人ともう一度話したいと願ってはいても、そうそう信じられない方が多いのかもしれません。

実際のところ、亡くなった人と話せるチャンスは一人一回きりです。今回話し足りなかったので次回に、ということはできません。

というのは、亡くなった人と何度でも話せるとしたら、残された人は過去に縛られて、前に進めなくなってしまう可能性があるからです。

また、亡くなった方とやりとりするには、未来に向かって歩いているところを、いったん立ち止まってもらう必要があり、故人が次の目的地を目指している中、何度もそれを遮《さえぎ》ることは、故人にとってもいいとは思えません。

一方で、亡くなった人にとって、お客様と私が会うことは、生きている人と話せるチャンスがもらえるということになります。そのため、「生きている人に伝えたいことがある」という熱心な霊が、お客様と私を引き合わせることもあります。

また、お客様とお会いしたときには、すでに亡くなった方がそばにいて、今か今かと話すタイミングを待っていることもあります。

亡くなった人にとっても、生きている人と話せるたった一度だけのチャンス。亡くなった人の中には相談のあとに、「まさか死んでからまた話せるなんて、思ってもいなかった」と言う方も多いのです。

現世で伝えられなかったことを、スピリチュアルの力を使って伝える。その役割をはたす存在として活動させてもらっていることは、私にとって何よりありがたいなと思っています。

私はこの一回きりの話せるチャンスを活かして、現世を生きる人が少しでも前を向いて歩いていけるように手助けができればと願い、日々活動しています。

第2章

亡くなった人は、すぐそばにいる

死者を呼ぶとそばにきてくれる

私が亡くなった人を呼ぶと、ほとんどの人は必ず現れてくれます。

これは私にスピリチュアルの能力があるから、というわけではありません。この能力はみなさんにも備わっているものです。ただ、それを私のようにはっきりと感じられるかどうかという違いがあるだけなのです。

霊感のない人がふだん、亡くなった人の存在を感じることは、ほとんどないのかもしれません。

ですが、赤の他人の私の呼ぶ声があの世に届き、そこからメッセージを受け取ることができるのですから、みなさんがお墓参りに行ったときや、仏壇の前などで呼びかけたとき、その声は必ず亡くなった人に届いています。

呼ぶと、まず、その人にとって一番みてもらいたい姿で現れます。そして話しかけると、そばまできてくれます。

このことを私がお伝えするのは、生きていく上でどんなに辛いことがあっても、あなたは一人ぼっちじゃないとわかってもらいたいからです。

身近で亡くなった人以外にも、ご先祖さまなど常に誰かしら、あなたのそばで見守っていてくれる存在がいます。

目にみえないものを感じることは難しいかもしれませんが、どんなときも、そばで見守ってくれる存在があることは心に留めておいてください。


一方で、亡くなった人から、生きている私たちに発せられるメッセージやヒントもあります。

たとえば「転職で悩んでいるけれど、A社とB社どちらがいいのか」「いい話だけど、この人は信用しても大丈夫だろうか」など、人生で迷う場面はいろいろあります。

そんなとき、ふとつけたテレビから心に刺さるコメントを聞いたり、ぱっと開いた本の言葉が大きなヒントになったりしたことはないでしょうか。

亡くなった人やご先祖さまなどそばで見守ってくれている存在は、いろいろな場面で何かしらのメッセージやヒントを与えてくれています。要はそのヒントに、あなたが気づいて受け取れるかどうかです。

あなたのまわりに、勘のいい人っていませんか。そういう人は、きっと天からのメッセージを直感という形で、人より多く受け取っているのかもしれません。

迷ったとき、悩んだとき、あなたのそばにいてくれる、みえないチカラは何かしらのメッセージを届けています。いつでも受け取れるよう、心を研ぎ澄ましておくことが大切なのです。

死者への思いは届いている

「あの人に言えなかったことがある」「謝りたい」と相談にこられるお客様もいます。ですが、私に相談をしなくても、亡くなった人はあなたのメッセージをきちんと受け取っています。

死者に伝えたいことがある場合、自分で直接伝えられるのです。わざわざお墓に行かなくても、仏壇の前でなくても、構いません。

歩いているときであろうと、家で寛《くつろ》いでいるときであろうと、いつでもいいのです。亡くなった人は、手を合わせることよりもむしろ、話しかけたりしてほしいと願っているように私には感じられます。

「お墓や納骨堂、仏壇などの中で、亡くなった人に一番近いのはどこですか？」と聞かれることがあります。

位牌《いはい》は亡くなった人の代わりで、亡くなった人の霊が宿るものだと思われる人もいるかもしれませんが、そんなことはありません。

どこに行けば、思いは届きやすいのだろうと考える人もいると思いますが、場所は関係ありません。たとえお墓の前に行って手を合わせていても、心ここにあらずでは、思いは何も届きません。

大切なのは、気持ちがこもっているか、どうかです。

さらにいうと、死者への思いはどこにいても通じるものなので、改まって仏壇に向かってお祈りするよりも、ふだんからまめに声に出して言ったほうが、より思いが伝わります。

「遠くの親戚より、近くの他人」という言葉がありますが、めったに会わない身内より、近くにいる友人に助けてもらえることのほうが多いのと同じで、年に数回しか行けないお墓参りで話しかけるより、ふだんからまめに話しかけて、故人を思い出してあげているほうが、故人もうれしいはずですし、あの世からも応援したくなるものです。

亡くなった人の誕生日や命日にでも、生前、いつも呼んでいたように呼んで、話しかけてみてください。亡くなった人は、あなたの思いを必ず聞いてくれています。たとえば、これから結婚する人が亡くなったおばあちゃんに「結婚が決まったよ」という報告をしたり、「結婚式にきてね」とお願いしたり。そういうことは、どんどんしてあげたらいいと思います。

「お母さん、いつもありがとう」「今日は失敗したけど、次は頑張るね」等々、内容は何でもいいのです。ただ話しかけてあげることが、「まだ、私は忘れられてないんだな」という実感にもつながって、亡くなった方にとっての喜びにもなるからです。

あなたが亡くなった方と話したい、声が聞きたいと思うように、亡くなった方も、あなたの声を聞きたがっています。思われたり、話しかけられたりすることは、亡くなった人にとってもうれしいことなのです。

とはいえ、いくらこちらが呼びかけたところで、相手から返事がくるわけでもない、声も聞こえない、と思うかもしれません。たしかにそうかもしれませんが、ただ、呼びかけることで亡くなった人が夢に出てきてくれたり、何かしらの形でメッセージを伝えてくれるということは、実際にあるのです。

私には12歳のときに亡くなった祖母がいるのですが、祖母の誕生日にはいつも二人でおしゃべりをしています。毎年呼ぶと、そばにきてくれるのがわかります。

自分が話しかけるだけではなく、もっとしっかり思いを伝えたいという場合、お線香を焚《た》いてみてください。香りに関しては、亡くなってからも鮮明に感じ取れるようで、お線香をあげると、亡くなった人のところにも香りが届いて、「あぁ、手を合わせてくれているな」とか、「自分のこと思い出してくれているんだな」というようによりはっきりと伝わります。

よい香りのお花をお供えしたり、ロウソクを灯《とも》したりすることも、もちろん思いを届けてくれる助けとなります。

亡くなってから夢を叶えたおじいさん

お供えものに関して、かわいらしいエピソードがあります。

ある相談者とお話ししていたら、亡くなった方（温和そうなおじいさん、相談者のお父さんでした）の前にずっと、おまんじゅうがみえるということがありました。

「なぜか、ずっとおまんじゅうがみえています」と伝えたところ、それはお父さんの好物だったそうです。それならぜひ仏壇にお供えしてあげてくださいと伝えました。

またお父さんは、お酒を1本お供えして、そのあと、お酒をみんなでまわし飲みしてほしいとも言っています。

「父はお酒が全然飲めなかったのに、なんでそんなことを？」

相談者は不思議そうな顔をしていましたが、やってみますと言って、帰られました。

次にこられたときに聞いてみると、家族みんなが揃ってお供えしたお酒を飲みましたと言うので、お父さんにもそのことを伝えると、すでにそのときの様子をみていたようで、大喜びしていることがわかりました。

あまりにも浮かれているその様子に、思わず噴き出してしまったほどです。

どうやら、自分はお酒が飲めないけれど、家族が集まって、ワイワイと和んでいる様子をみるのが好きだったようです。

お父さんはお供えしたお酒を飲むことを口実に、家族に集まってもらい、団欒《だんらん》の場を持ってほしかったというわけです。

このお父さんは、亡くなってから間接的に夢を叶えることができましたが、本当は生きている間に、そういう場が持てたらよかったのに……と、ちょっとだけ残念に思いました。

些細《ささい》なことから大きなことまで、何ごとも思い残すことなくあの世に行ける人というのは、少ないのかもしれません。

だからこそ、今できることは今やっておくことが大事なのだと思います。

お盆には意味がある

日本では毎年お盆に、あの世からこの世へ死者が帰ってくるといわれています。

残された人たちは死者を送り迎えするためにお供えものをしたり、私の住む京都では、毎年8月16日に大文字山《だいもんじやま》で送り火を焚いたりしています。

実際に亡くなった方と話してみると、お盆には亡くなった人が現世に帰ってくる里帰りのような意味があり、会いたい人がいるところへと帰っているようです。

とはいえ、ふだんから亡くなった人に話しかけていたら、こちらの声は届きますし、亡くなった人も私たちのふだんの様子を、あの世からみることはできます。

ただお盆は亡くなった人にとって、会いたい人がいる現世へ戻れる正式な機会として設けられているようです。

亡くなった人の魂は、お盆にお墓に戻ってくるのか、仏壇にくるのか。これは先ほどの亡くなった人に近いのはどこかという質問と同じで、場所は関係ありません。会いたい人がいる場所に戻ってきます。

ふだん離れて住んでいる親子や遠くに離れている親戚が集まる場合、故人にとっては会いたいと思う人が1カ所に集まってくれることになり、より喜ばれるでしょう。

生きている側にとっては、ふだんはなかなか会えない家族が集まって、先祖に感謝の気持ちを伝えられる。そういう意味合いがあるのだと思います。

また、生きている人がお盆の準備をできなかったり、お墓まで行けなかったりしても、亡くなった方は帰ってきています。

お坊さんを呼んでお経をあげてもらうことが叶わなかったとしても、お盆のどこかできちんと手を合わせ、故人を思ったり先祖に感謝することをしてみてください。その気持ちのほうが大切だと思います。

第3章

死者から届く言葉には生きるヒントが含まれる

役割をはたすために生まれた赤ちゃん

相談者の中に、赤ちゃんを産んで、すぐに亡くされた方がいました。その女性（Hさん）は、子どもがほしかったものの、なかなか妊娠できず、旦那さんとの関係も徐々に悪化してしまったようでした。

そんな中での待望の妊娠。すれ違いかけていた二人は、妊娠を機に以前のように仲むつまじく暮らすようになったそうです。

夫婦が待ち望んでいた赤ちゃんは、女の子でした。ですが、その赤ちゃんは本当に少しの間、二人のそばにいただけで、あっという間に亡くなってしまったのです。

赤ちゃんを亡くしてから5年。Hさんは、子どもを亡くした事実を受け入れられないようでした。「娘が死んだのは、私に何か原因があったのでしょうか……」と聞いてきます。

妊娠中、もっと栄養のあるものを食べて、元気な子に産んであげたらよかった。赤ちゃんの異変にもっと早く気がついていたら。あの日、病院に連れて行くのが、あとちょっとでも早ければ。私がもっとちゃんとしていれば……。

Hさんの口からは、後悔と自分を責める言葉ばかりが続きます。

なぜ、我が子が死ななければならなかったのか。

「私が望むことは、早く子どものもとへ行くことだけです」

さらに悪いことには、せっかく旦那さんと二人で協力して赤ちゃんの面倒をみていたのに、赤ちゃんを亡くしてからというもの、再び旦那さんとの関係が悪化。

「私はあの子を亡くしてこんなに辛くて、息をするのも苦しいくらいなのに、夫は毎日、仕事に行くんです。なぜ平気な顔をして会社に行けるのか、夫は悲しくないのかと思うと、だんだん夫のことが憎らしくなってきて……」


そこで私は、亡くなった赤ちゃんから届いたメッセージを伝えました。

「赤ちゃんは、お母さんとお父さんにもっと仲よくなってもらいたくて、生まれてきたみたいですよ。亡くなったのは決してHさんのせいではありません。元々短い期間、この世で過ごすという約束で、赤ちゃんもそれをわかった上で生まれてきたのです」

実は、Hさんの赤ちゃんは、二人の仲を取り持つという役割をはたすため、少しの間、この世に生まれてきてくれたのでした。

赤ちゃんを妊娠したことで、旦那さんはHさんの体を気遣うようになり、Hさんもまたしんどいときは、素直に旦那さんを頼るようになっていました。

以前のように元通り、仲よくなった二人をみて、赤ちゃんは「これで自分の役目をはたせた」と旅立っていったのです。

不思議なことに、そうやってすぐに亡くなってしまった赤ちゃんが、再びその家族の赤ちゃんとして生まれてくることもあります。

その場合は、生まれ変わりに100年かかることなく、この世に生を享《う》けるのです。

Hさんご夫婦のところに、それが起こるかどうかはわかりません。

私の話を聞いたときは、信じがたいという表情をされていましたが、赤ちゃんの役割を知ったHさんは、「帰ったらもう一度、夫とちゃんと話そうと思います」と言って帰っていかれました。

赤ちゃんが命を懸けて役目をはたしてくれたのですから、今の二人なら、きっとあらゆることを乗り越えていけると思います。

おばあちゃんを助けたかった孫

おばあちゃんを亡くしたという、20歳くらいの女性Iさんがきてくれたことがありました。

Iさんのおばあちゃんは、出かけていたときに道端で心臓発作を起こしてしまい、そのまま亡くなってしまったようでした。その道というのが、Iさんがいつも通る道でした。

ですが、おばあちゃんが亡くなった日、Iさんはたまたま、いつも通る道とは違う道を通って家に帰ったそうです。

「おばあちゃんは、私がいつも通る道で倒れていたんです。もし私がいつもの道を通って帰っていたら、私がみつけてあげられたら、おばあちゃんは死なずにすんだかもしれないのに……」

Ｉさんは、その日違う道を通ってしまったことを、とても後悔していました。おばあちゃんが死んだのは、私のせいだと、その死にとても責任を感じているようでした。

そこで、おばあちゃんに聞いてみました。

私のところに届いてきたおばあちゃんからのメッセージは、「みつけてもらえなかったことは、仕方がないよ。Ｉのこと、全然恨んだりなんかしてないよ」というものでした。どうやら、おばあちゃんは発作を起こしてすぐに息絶えていたようでした。

もしＩさんがいつもの道を通っていたなら、発見される時間は、少し早まったかもしれません。しかしながら、おばあちゃんの命を助けることはできなかったでしょう。どっちの道を通っていても、おばあちゃんの死は避けられないことだったのです。

それを、そのままＩさんに伝えました。

おばあちゃんから届いたメッセージを聞いたＩさんは、胸のつかえが下りたような、健やかな笑顔をみせてくれました。

「実はその日のことは、お母さんにも友だちにも言えなくて、ずっと一人で悩んでました。ずっと私のせいだって思っていたから……」

おばあちゃんの死は、運命で定められていたことでした。あの日のことを後悔していたというIさんに、おばあちゃんはしきりに「いいよ、いいよ」と声をかけ続けていました。

おばあちゃんは優しい孫の心に触れられて、とてもうれしかったようです。喜んであの世に帰っていきました。

誰しも亡くなった方に対して、こうすればよかった、ああすればよかったという思いを持っていると思います。

Iさんのように、死の責任までも自分で背負いこんでしまう方も少なくありません。仮にあなたが、誰かの死に対して責任を感じていることがあるとすれば、その必要はありません。

Iさんのおばあちゃんのように、ほとんどの死は「そういう運命だった」からこそ、その人は亡くなったのです。

不慮の事故で亡くなった人に対しては、その事実を受け入れるのに時間がかかるでしょう。ですが、どんな死であったとしても、それが、その人に与えられた寿命なのです。

なるべくしてなった運命なので、あなたが誰かの死に対して、責任や後悔を感じる必要はないのです。

✻ケンカしたまま死に別れた夫婦

夫とは、ケンカをしたまま死に別れたという女性Jさんがいました。Jさんは、30歳くらいでしょうか。まだ乳飲み子のお子さんとお姉ちゃんを連れて、何度か相談にきてくれました。

最初はシングルマザーとして子どもを育てていくために、仕事をどうするかといった相談でした。

Jさんは当時、保育士の仕事をしていましたが、「自分の子はかわいいけれど、基本的に子ども好きではないし、保育士の仕事は向いてないいんです〜」と言っていました。

でも私には、Ｊさんと子どもは相性がよいというふうにみえたので、「子どもさんに関わる仕事は、Ｊさんに向いているはずですよ」と、おみえになるたびに伝えていました。

そして、何度かきていただくうちに、旦那さんの話になったことがありました。

「子どもが小さくて子育てが大変なときに、夫は家庭を顧みず、地元の仲間の集まりを優先してばかり。私はずっと一人ぼっちで頑張ってきたんです」

亡くなった日も、旦那さんはＪさんの「子どもをみてほしい、今日は家にいてほしい」という言葉を聞かずに外出しようとして、二人はケンカ。結局出かけてしまったその日の夜に、旦那さんは仲間と遊んでいて、突然亡くなってしまったそうです。

以来、Ｊさんは近くに頼れる親もおらず、子育てに仕事に、いっそう大変な思いをしたようでした。まるで旦那さんへの憤《いきどお》りを原動力としているかのような頑張りようです。

旦那さんに対して、ネガティブな感情をたくさん抱えていたＪさんだったので、はたして、旦那さんはこの場に会いにきてくれるかなと私は危惧しました。

でもこの日、すーっと旦那さんがそばにきてくれたのを感じました。

そのことを伝えると、Jさんの表情がゆるみ、とてもうれしそうでした。そんなJさんとお話を続けていると、旦那さんへの恨みや怒りよりも、一番に響いてきた感情がありました。

それは、旦那さんへの感謝です。Jさんは、旦那さんが二人の子どもを残してくれたことを、とても感謝していました。

旦那さんはそんなJさんの思いを知って、「一緒にいるときは、君が一人ぼっちで頑張っていることに、全然気がつけなかった」と、とても後悔していました。「今日、俺に対する気持ちがわかってすごく反省した、ごめん」と、Jさんに謝っています。

これこそ、Jさんが必要としていた言葉だと強く感じました。

旦那さんの言葉を聞いたJさんは、「夫がそんなこと言っているんですか。信じられない！」と言って、笑います。

Jさんは旦那さんを突然亡くして、自分も死にたいと思ったことが何度もあったそうです。

「子どもがいたから、私が頑張って育てないといけないって思って、これまで生きてきました。でも考えてみたら、その子どもたちは夫が残してくれたんですよね。夫の言葉、生きているときに聞けていたら、よかったのにな〜」

もし生前に、Jさんが旦那さんへ感謝の気持ちを伝えられていたら。もし旦那さんが奥さんの気持ちに気がついてあげられていたら……。

その後、Jさんは保育士の仕事を続けていく上で気持ちの変化があったようで、「ずっと子どものことが嫌いだと思っていたけれど、今は大好きです」と、楽しく働いているようでした。亡くなった旦那さんに対して抱えていたネガティブな感情もなくなり、スッキリとした表情になっていたのが印象的でした。

ふだんは忘れがちですが、人はいつ死ぬかわかりません。日頃から、コミュニケーションを図り、きちんと思いを伝えておくことは大切だなと改めて思いました。

❋5歳の息子を病気で亡くしたお父さん

多くは女性ですが、男性が相談にこられることもあります。Kさんは、息子さんを亡くされていました。苦労の末、やっと授かったお子さんでしたが、わずか5歳という年齢で、病気のために亡くなりました。Kさんは、その死に対して、すごく負い目を感じているようでした。

「自分にしてあげられることが何かあったのではないか」

「自分がもっと頑張れば、息子は死ななくてすんだのではないか」

亡くされてからもう何年も経っていたのですが、負い目は軽くなるどころか、なぜ自分だけが生き残ってしまったのかと、自分が生きていることにすら罪悪感があると言います。

その小さな息子さんは、お父さんに会いにきてくれました。早くにこの世を去ったことについて、悲しんでいる様子はありません。

むしろ、「僕は、お父さんに精いっぱい愛してもらったよ。愛情かけて育ててもらったし、顔も似ていたし、それが幸せだった」と言っています。

Kさんは、「親子で顔がそっくりだねって、まわりからもよく言われていたんです」と言って、驚いていました。私にみえたのは、まるでKさんをそのまま小さくしたかのような印象の、かわいらしい男の子でした。

そのあと、読み取れた中でわかったことは、息子さんの死はあらかじめ決まっていて、5歳までしか生きられない寿命だったということ。自責の念を抱えるKさんに対しても、息子さんは「僕はこれ以上ないっていうくらい、とってもいい環境で生きさせてもらったよ」と、感謝の思いだけを持っているようです。

逆に「お父さん、僕が死んだことをどうか気に病まないで」と、しきりに心配しています。

大切な人を亡くすというのは、本当に辛いことです。それが自分よりもはるかに幼い、愛するお子さんなら、なおのこと。

でも、悲観することはないと私は思います。息子さんは自分の寿命を精いっぱいに生ききり、最高に幸せな5年間を送ったのです。大人の私たちからしてみたら、わずか5年、ほんの短い期間かもしれませんが、それでも息子さんはこの世に生まれて、Kさんと親子になれた。かけがえのない時間を過ごせたと感謝しているのです。

「5歳という命は、寿命だったんだよ」というメッセージは、少なからずKさんが前を向くきっかけとなったようで、それを知ったKさんは、まるで憑きものが取れたような、すがすがしい顔をしていました。

今はまだ難しいかもしれませんが、「息子は素晴らしい人生を送ったんだ」と誇りを持ってくれるようになるといいなと思います。

死んだ夫と口ゲンカ

私のいとこが、友人Cさんを連れて相談にきたことがありました。Cさんは50代の方で再婚した旦那さんを病気で亡くしていました。

対面した際に、私は亡くなった旦那さんから届くメッセージを、そのままCさんにお伝えしました。ふだんから私は、霊が言う口調のままに相談者にお話ししています。

ゆったり届くときはゆったりと。きつい口調のときはきつく、その通りに表現するのです。

Cさんの旦那さんは、わーっと早口で、結構きつい言い方をされる方でした。私はいつも通り、旦那さんの口調をそのままに、Cさんに語りかけました。

すると、だんだんCさんの機嫌が悪くなって怒り出し、私を通して、旦那さんと言い争いをしているような雰囲気になりました。

旦那さんはCさんに向かって、「お前は、ほんまに好き勝手に生きやがって！」と言い出し、Cさんは Cさんで「そんなん、お互いさまやんか！」と言い返したりして。

ところが、最後の最後になって、不意に旦那さんが「ありがとう」と言ったのです。

実は、Cさんは旦那さんのお子さんを、旦那さん亡きあとも育てていました。

「血のつながらない子どもを育てるのは大変やと思う。ほんまにありがたい。感謝している」と旦那さんが言うと、その言葉を聞いたCさんは、その場で声を上げて泣き出してしまいました。そしてCさんは、「まるで旦那が生き返って、目の前に現れたようでした。生きていた頃のように旦那と話せて、ずっと言いたかったことも言えて、ほんまにスッとしました」と言ってくれました。

私のいとこも生前の旦那さんを知っていたので、私とCさんの会話を聞きながら、「そういえば、二人はようこんなふうに言い合いをしてはったなぁ」と、懐かしく思ったと言っていました。

Cさんは、「こうやってもう一回旦那としゃべることができてよかった。旦那が亡くなってからずっと胸の内に抱えていたモヤモヤが、晴れたような気がします。明日からまた旦那が残してくれた子と、旦那のためにも前向きに生きていこうと思えました」と言って、笑顔で帰られました。

Cさんが去られたあと、旦那さんはCさんに感謝しているのに、最初になんであんなきつい言い方をしたのだろうと不思議に思い、いとこに聞いてみました。

すると、いとこは「旦那さん、ああみえて照れ屋やったからなあ」。

言い合いをしたあとでないと、恥ずかしくて本心が言いづらかったのでしょう。亡くなったあとも、生前の性格はそのままなんだなあと私も再認識した出来事でした。

落ち武者が伝えたかったこと

「何者かに毎日、首を絞められるんです」と言って相談にこられた女性Dさんがいました。Dさんはとても霊感が強く、相談にこられたときには、すでに侍《さむらい》の霊と一緒でした。

Dさんと向かい合ったときにみえてきた景色が、Dさんの住んでいる家のまわりのようでした。

「家の向こう側に、何かベタベタじめじめしたような場所がみえます」と言うと、道を挟んだ向こう側に、田んぼや畑があると言います。どうやら侍は、そこからきているようでした。侍といっても、髪を振り乱した落ち武者のような風情をしています。

落ち武者は、Dさんが霊感が強いのを知っており、首を絞めるほかに、耳元にきて小さな声でささやくなど、ちょっとした悪さをするみたいです。

なぜDさんに悪さをするのか聞いたところ、落ち武者には伝えたいことがあったようです。

「もっと玄関をキレイにしてほしい。仏壇の前できちんと手を合わせてほしい」
「じゃあ、その通りに伝えるので、それを守ったら悪さはしないでくださいね」
私はそのように落ち武者に念押ししてDさんに伝え、そのときはそれで終わりました。

Dさんは、霊を感じたり、みたりすることはできるのですが、みえるだけで、霊の言いたいことを聞いたり、何かをしてあげることはできません。怖いので、なるべく関わりたくないと言います。

そのため、霊が何かを訴えてきても、Dさんには聞く気がないので、霊は無視されたと思い、余計に自分の存在を知らしめようと悪さをするようでした。

そんな事情もみえてきたので、Dさんには、「もし悪さが続くようなら、『もうやめてください』と直接霊に言ってみてください。逃げずにきちんと話してくださいね」と伝えました。

助言をしたあと、またしばらくしてからDさんがきてくれました。

あれから、特に玄関をキレイにすることを心がけ、なるべく墓参りにも行くようにしていたそうです。すると、すっかり悪さは収まったようでした。

聞くと、「いるのは何となくわかるのですが、前のような悪さをしてくることはなくなりました」とのこと。落ち武者も、自分の願いが満たされ、気がすんだのかもしれません。

落ち武者がいた時代はもう何百年も前のことです。よっぽど強い念というか、かつての憎しみを持っているような気がしました。

ただ、こういう霊は、まだしっかり成仏できてはいないのですが、希望を聞いてもらえたら、今度は逆に自分が迷惑をかけた以上のことを返してくれます。

これからはきっと、Dさんのことを守ってくれる存在になることと思います。

亡くなった人のものに宿る思い

亡くなった人のものを捨てずに残しておくと、中には自分が亡くなったことに気がつかず、現世での生活を続けてしまう霊もいます。こんなこともありました。

40代後半の女性Gさんが、奥さんを亡くした男性とつき合うことになり、ある日、男性の家に行きました。ですが、家に入った瞬間、急に気分が悪くなってめまいがしたそうです。なぜだろうと不思議に思ったGさんが、信頼のおける霊媒師を訪ねたあとに、念のためと私のところにもきてくれたのでした。

Gさんを通して届いてきたのは、男性の家には、まだ奥さんがいるという感覚でした。奥さんは自分が死んだことに気がついておらず、亡くなってからもまだ、家で生活をしていたのです。原因はいろいろありますが、旦那さんが亡くなった奥さんのものを何一つ捨てていなかったのも、理由の一つでした。

奥さんの洋服からバッグや靴まで、全部残してあったので、生きていた頃と変わらぬ生活ができる環境にあったのです。そのため奥さんは、亡くなったあとも家で寝起きして、毎朝子どもの朝ご飯を用意して、お弁当を作って、掃除をしていたのでした。そんな場所に夫が新しい女性Gさんを連れてきたわけですから、Gさんの気分が悪くなるのも当然です。

このことを知ったGさんは、「前の奥さんの持ちものはすべて捨ててほしい」と男性に伝えたそうです。

その後、男性は家の中にあった遺品をすべて処分。捨てたあとは、Gさんが家を訪ねていっても気分が悪くなることはなくなったそうです。

そして、今では二人は結婚して一緒に暮らすようになりました。

亡くなった方に安心して成仏してもらう意味でも、残されたものはきちんと手放すことが必要なのだと思います。

故人の愛用品をどうするか

また、夫を亡くした女性Uさんがきたときのことです。夫は、自分が亡くなったあとの愛車のゆくえが気になっていたようでした。

「オレの乗っていた車、どうした？」と尋ねるので、相談者であるUさんに確認したところ、「車は、売りました」と言います。それを聞いた男性は、安心したと言い、喜んでいる様子が伝わってきました。

売った車のほかにも、小さな赤いスポーツカーがみえたので、それは何ですかとUさんに聞くと、「夫が趣味で集めていたミニカーです」とのこと。

続いて、テレビの前にズラリとミニカーが並んでいるシーンが届いてきます。夫からは、「コレクションは全部いらんけど、赤いのだけは、息子に残しておいてほしい」と伝わってきたので、そのように言いました。

遺品はもちろんのこと、本人が大切にしていたコレクションならなおさら、残された人は処分しづらいかもしれません。

そんなときは、今回のように一つを形見として残して、あとは整理するという方法もあります。

「捨てようかどうしようか迷っている」というものがあれば、全部を処分してしまうのではなく、「これだけは」というものを手元に残しておくのも一つの方法です。

後悔を抱えた母と息子

郵 便 は が き

料金受取人払郵便

代々木局承認

6948

差出有効期間
2020年11月9日
まで

1 5 1 8 7 9 0

203

東京都渋谷区千駄ヶ谷 4 - 9 -

(株) 幻 冬 舎

書籍編集部宛

1518790203

ご住所 〒 都・道 府・県	
	フリガナ お名前
メール	

インターネットでも回答を受け付けております
http://www.gentosha.co.jp/e/

裏面のご感想を広告等、書籍の PR に使わせていただく場合がございます。

幻冬舎より、著者に関する新しいお知らせ・小社および関連会社、広告主からのご案内を送付することがあります。不要の場合は右の欄にレ印をご記入ください。 不要 □

本書をお買い上げいただき、誠にありがとうございました。
質問にお答えいただけたら幸いです。

◎ご購入いただいた本のタイトルをご記入ください。

『　　　　　　　　　　　　　　　　　　　　　　　　　　』

★著者へのメッセージ、または本書のご感想をお書きください。

本書をお求めになった動機は？
①著者が好きだから　②タイトルにひかれて　③テーマにひかれて
④カバーにひかれて　⑤帯のコピーにひかれて　⑥新聞で見て
⑦インターネットで知って　⑧売れてるから／話題だから
⑨役に立ちそうだから

生年月日	西暦　　　年　　月　　日（　　歳）男・女			
ご職業	①学生	②教員・研究職	③公務員	④農林漁業
	⑤専門・技術職	⑥自由業	⑦自営業	⑧会社役員
	⑨会社員	⑩専業主夫・主婦	⑪パート・アルバイト	
	⑫無職	⑬その他（　　　　　　　　　　）		

このハガキは差出有効期間を過ぎても料金受取人払でお送りいただけます。

ご記入いただきました個人情報については、許可なく他の目的で使用することはありません。ご協力ありがとうございました。

私に届くのは、相談者に必要な声だけとは限りません。ときには、相談者が聞きたくないであろうメッセージが届くこともあります。なるべく届くままにお伝えしたいとは思いますが、必要に応じて、言葉を選んでお伝えすることもあります。

相談途中にふと「僕のおふくろは、どうですか」と聞かれたことがありました。その方は、30代後半の男性Vさん。質問されたときに、寝たきりのお母さんの姿がみえたので、「元気じゃなさそうにみえますね」とお伝えしたところ、実は2カ月ほど入院したあと、急死してしまったと話してくれました。

Vさんはお母さんと、小さい頃からケンカばかりしていたようでした。Vさんはわりと自分の思ったことを両親に対してはっきりと口にしていたようですが、母親には「生意気を言うのはやめなさい！　黙ってお母さんの言うことを聞きなさい！」と厳しくしつけられていたそうです。

やがてVさんは結婚して子どもも生まれ、めったに母親に連絡をしなくなったそうです。

ところがある日、お母さんが胸が苦しいと訴え、救急車で運ばれました。検査をしてもらったところ、心臓がかなり弱っていることがわかります。このことをきっかけに、Vさんはこれまでのお母さんとの関係を悔いて、仕事が終わったら必ず病院に行くようにしたそうです。残されたわずかな時間を、母親に捧《ささ》げることにしたのです。最終的にお母さんは、Vさんに看取られて亡くなりました。

「でも、僕がもっと早く異変に気づいて、病院に連れて行ってあげればよかったと後悔ばかりが残っています。今も、自分に何かできることがあったんじゃないかと、そんなことばかり考えてしまって、仕事に身が入らないんです……」

仕事が終わったら毎日病院に足を運んで見舞っていたのに、Vさんは今もなお、そんなふうに自分を責めていました。

そんなお母さんから届いてきたメッセージは、「もっといろいろな話をしたかった。だらしのない大人にしたくなかったから厳しくしてしまったけど、本当は寂しかった」というものでした。

この言葉はVさんにとって、なんとも厳しいものでした。Vさんは単に、これ以上関係を悪くしたくないからと、あえて距離を置いていたからです。

でも、お母さんは、息子を傷つけるためにこのメッセージを届けたのではありませんでした。お母さんが心の奥に抱えている問題もあったのです。それは、「もっと、きちんと息子と向かい合うべきだった」という後悔でした。

生前、お母さんはもっと息子に頼ったりしたかったのだと思います。けれど、Vさんには息子が3人もできて、その分の生活費を稼ぐのも大変だろうと遠慮をして、寂しくても自分から連絡ができずにいたのです。

ただ、お母さんが病気になったからこそ、「おふくろが死んだら、僕はどうしたらいいかわからない。死んでほしくない」などと、ふだんだったら絶対言えないようなことを言う機会が持てたようです。もしかしたらお母さんの病気は、二人が最後にきちんと向き合うために用意されたものだったのかもしれません。

そして、この機会に「寂しかった」と言い終わったあとのお母さんは、すごく安堵《あんど》されていたようでした。息子にようやく本心が話せたことで、気持ちが楽になれたのだと思います。

生きていく上で、誰かに対する「わだかまり」があると、居心地の悪いものです。ましてや、それがもう永遠に会えない人に対してのわだかまりだったらどうでしょう。今回のように、お互いが大きな悔いを残してしまうことになります。

人はいつ死ぬのか誰にもわかりません。だからこそ、大切に思う家族や友人とは、ふだんからコミュニケーションをとって、いい関係を作っておくことが大事なのだと感じます。

❊今を生き生きと過ごしている姿をみせる

Vさんは、亡くなってからのほうがよくお母さんに話しかけるようになったと言っていました。きっと生前言いたかったことを、心の中でお話しされているのだと思います。

亡くなってしまってからでも、その後悔を解消するために行動するのは、とてもいいことです。

そして、Vさんがしきりに話しかけていることは、しっかりお母さんに伝わっているのが、私にもわかりました。

同時に、Vさんの後悔も、同じようにお母さんには届いているようで、お母さんがVさんのそばで見守っているのを感じました。

ただ、それは見守っているというよりは、まだVさんが過去に縛られて、後悔の中で生きていることを心配してそばにいるという印象だったのが少し気になります。

Vさんのように「もっとできることがあったはず」と感じることは、決して悪いことではありません。でも、その後悔のせいで自分の人生を精いっぱい生きていけないのだとしたら……。

亡くなった人にとっては息子が心配でたまらなくなり、そこまで思い詰められてしまうと、自分が責められているように感じてしまうことにもなりかねません。

後悔は、人生において本当に役に立ちません。

それよりも大事なのは、自分が「今」をどう生きているかということ。

Vさんは、お母さんを亡くして1年経った今でも仕事に身が入らないと言っていました。つまりそれは今、自分のできることをしていないということです。後悔ばかりして何も動けずにいるのは、限りある命の時間をおろそかにしていることと一緒です。

自分の命に対して、失礼なことをしているともいえます。自分がこれからをどう生きるか、それは生きている人、全員にとっての課題だと思います。

Vさんにもいつか、「もう後悔をするのはやめよう」と思えるときが必ずきます。そのときがくるまでは、自分の時間を一生懸命生きるということを意識しながら過ごしてほしいとお伝えしました。そうすれば、いつか自然と前を向いて歩けるようになる日がくるからです。

介護のお礼を言いにきたおじいさん

同じ施設で介護職として働いている女性二人が相談にきたことがありました。

お話を聞いている間中、二人のうしろを少し腰の曲がった白髪のおじいさんがウロウロしているのがみえます。

詳しい容貌を伝えたところ、「そういえば、最近亡くなられたあのおじいさんかも」と二人が声を揃えて言います。

おじいさんに確認すると、まさに二人が介護していた、そのおじいさんでした。

おじいさんの最期は、もう意識がほとんどなく寝たきり状態だったそうです。ですが、二人は忙しい仕事の合間にも、まめにおじいさんの顔をみに行き、声をかけていたそうです。

意識がなく、声も届いているかどうかわからない状態であっても、優しい心遣いはしっかりおじいさんに伝わっていました。おじいさんは、わざわざそのときのお礼を言いにきていたのでした。

もし、今、どなたかの介護をされて、反応がなく辛い思いをされている方がいるかもしれませんが、あなたの思いはしっかり伝わっています。ぜひ積極的に声をかけてあげてほしいなと思います。

第4章

私も順風満帆な人生ではなかった

才能に気づく前のこと

ずいぶん前に、母親の2番目の姉、私の伯母が病気になって入院してしまいました。末っ子だった母のことを伯母は、とてもかわいがっていました。伯母には子どもがいなかったこともあって、妹の娘である私にもたくさんの愛情をかけてくれ、私も伯母のことが大好きでした。

その伯母が病気になってからというもの、母とよく病院にお見舞いに行っていました。いつもは顔をみたら自宅に帰っていたのですが、ある日、母が「今日は病院に泊まりたい」と言い出しました。

結局、その日は泊まることにしたところ、翌日に伯母は亡くなってしまいました。母に伯母の死期がわかったのかと驚いて尋ねたところ、「姉の顔をみていたら、何となく帰りたくないなって思っただけ」と言うのですが、きっと何かを感じ取っていたのだと思います。

そうした才能を私も引き継いだのだと思いますが、でも母は実際に何かをみたり聞いたりということはできません。

高校生の頃、友人のBちゃんが、自分のお母さんの話をしてくれたことがありました。話を聞く中で、ふとそのお母さんがかなり深刻な病気であることがみえてきました。

会話の内容は病気のことではなかったのですが、Bちゃんと話していると、お母さんの体の痛みだけではなく、Bちゃんがお母さんの病気のことで悩み苦しんでいることまで伝わってきます。

そこで、「今、お母さんが病気で苦しんでいて、看病するBちゃんも辛いよね」と届いてきたメッセージをそのまま伝えると、それを聞いたBちゃんが、突然わあっと泣き出しました。

Bちゃんが抱えているであろうことを私が全部言ったあと、「病気のことは話してないのに、なんでそんなことまでわかるの!?」と聞かれたのですが、うまく言葉で説明できず、「なんかみえんねん」とだけ答えていました。

その頃、私はまだ自分のスピリチュアルの能力が特別なこととはわからず、そのせいで亡くなった方からのメッセージや、目の前にはないシーンが届くことも、特に不思議なこととは思っていませんでした。

そのため、相手の気持ちが読めることがわかると、一部の人からは気味悪がられるという意識もありませんでした。

それでも母親からは、そういうことは無闇に言わないほうがいい、と子どもの頃から言われてきたので、友人の前でも、みえたり聞こえたりしたことを言わないように、ふだんは封印していました。

Bちゃんに届いた内容を話すと、不思議そうにはしていましたが、それよりも自分の気持ちをわかってもらえてうれしいと言ってくれました。

当時、それが私もすごくうれしかったのをよく覚えています。

あるときは、こんなことがありました。

高校で、美術の先生の部屋に行くと、先生の描いた絵が飾ってありました。その絵をみると、先生がどこの海をみて、何を使って、どんなふうに描いていたのか、その様子がありありと脳裏に浮かぶのです。

そこで先生に、「この絵はこんな場所で、こんなふうに描いていたんじゃないですか」と言うと、「なんでわかったの？」と先生は驚き、その様子をみて、自分にみえていたものは幻ではなかったと実感することができました。

高校生くらいまでは、血のつながった家族以外に、人の気持ちが読めることや、いろいろな背景がみえることについて話したことはありませんでした。

20代に近づくにつれ、家族以外の人ともそういう会話を重ねることで、「目にみえないものがみえたり聞こえたりするのは、自分だけなのかもしれない」ということを少しずつ意識した気がします。

でも、この特殊な才能を「自分の才能」として活かせるようになるまで、辛いこともたくさんありました。

スピリチュアル テラーとして活動を始めるまで

私が自分のスピリチュアルの能力に気がついたのは、20歳の頃でした。それから、「スピリチュアル テラー」として活動を始めるまで、しばらくアルバイトをしたり会社勤めをしていた時期があります。

いつかはスピリチュアルの能力を活かして働くときがくるという確信は持っていたものの、それがいつからできるようになるのか、またどのように活かせるのかは、まだわかっていませんでした。「今の自分ならできる」。そう思えるときがくるまでは、スピリチュアル テラーとして活動はできないと感じていました。

そんな状況ではあったものの、「どんなことをしていても、いつかその時期はくる」という変な自信だけはあったので、とにかく20代のうちは目の前のことに、ただひたすら取り組んでいました。今できることを精いっぱいやっていれば、いつか必ずたどり着ける、そのことだけはわかっていました。

最初に勤めていたのは、リフレクソロジーのお店です。そのときは、これが私の天職だと思っていました。

お客様の体を触ったら、最近寝不足だなとか、足が疲れているなとか、体調のことはもちろん、その人の抱えている思いや悩みまで伝わってきます。

こうした仕事をしている人なら当然、お客様の体を触れば、ある程度わかることがたくさんあると思います。当時の私も、「お客様はふだん、こんな立ち方をしていませんか、お仕事は○△×というお仕事じゃないですか」などと聞いたりすると、ドンピシャであたっていました。

でも私は、触っただけでは決してわからないこと、お客様の頭の中のことまで手に取るようにわかったのです。

たとえば、お客様が仕事で悩んでいること、家庭で抱えている問題など。そして、届いてきたことは、お客様に直接伝えていました。

「何だか、職場で後輩の方との関係に悩まれているように感じるんですけど、どうでしょう？」

「えっ、なぜわかるんですか！」

「わかるから、この仕事をしているんです（笑）」

そんな会話もよくありました。

お客様にとっては「体と心の両方を癒やしてもらえる」という感覚があったのかもしれません。ただ中には、頭の中までのぞかれているようで嫌だと感じるお客様もいたことでしょう。

結果、「サトミさんじゃないといやだ」と毎回指名してくれるお客様と、「あの子だけは絶対いや」というお客様と、反応は真っ二つに分かれていました。

そのうち、私のほうが店長より指名を多くもらえるようになったのですが、そのことで逆に働きにくくもなりました。私の指名でお客様から予約が入ったとき、店長がわざと「予約がいっぱいです」と言って断ってしまったり、ほかのスタッフの前では成績がいいことを褒めてくれるのに、二人きりになると、「調子に乗るな」「でしゃばるな」などと言うのです。

店を替えても、同じようなことが続きました。

それでも当時は、リフレクソロジーの仕事が大好きだったので、結局4店舗で働きました。リフレクソロジーの仕事は、お客様の体をほぐせるだけではなく、お話ししながら、お客様を癒やすこともできる。それは私の才能を活かせることにもなるし、お客様も喜んでくれるし、一石二鳥というより、一石三鳥にも四鳥にもなると考え、いつか自分でお店を始めるのもいいなと考えるようになりました。

でもリフレクソロジーの技術としては、お店の研修で学んだレベルだったので、経験は積んでいましたが、いつかどこかできちんとした資格を取らないといけないないという思いもありました。

4軒勤めたリフレクソロジーのお店では、アルバイトや契約社員として働きました。そのため最後のお店を辞めたときは、今後安定した職に就くためにも、ちゃんとした資格を取りたい、手に職をつけたいと思っていました。

そんなとき、友人が服飾デザインの専門学校を紹介してくれました。それは、実際にものづくりを学べる学校で、卒業後は、デザイナーや職人として活躍している人もいました。

聞いた瞬間に私は「これだ！」とひらめき、リフレクソロジーとはまったく違うことを始めることにしたのです。

「10代の頃、洋服が作りたくて仕方なかった」という思いがポーンとよみがえったこともあって、その場で専門学校に通おうと決めました。

辛い環境にいるときの気の持ち方

リフレクソロジーのお店を辞めたあとは、職人になって服を作りたいと思い学校に行ってみたものの、実はまったくミシンができませんでした（笑）。

それでも服作りが好きで学校には通い続けていたあるとき、私が京都で一番好きで憧れていたメーカーの、求人募集をみつけました。私自身、そのメーカーの商品を愛用していたこともあって、「これはチャンスがきた！」と思いました。

当時私は30歳を過ぎた頃。そのメーカーは、20代前半の求人を出していたので、年齢的に私はアウトでした。でも私は「ダメ元でも受けてみよう」と思って、トライしました。

専門学校のクラスの大半は、年齢制限を気にして受けなかったようです。結局学校からは30代が二人と、20代が二人の4人が受けることになりました。

その結果、まさかの私だけが合格！

そこから6年弱、私は縫製職人として働くことになったのですが、ここでもリフレクソロジーのお店にいたとき同様に、徹底的にいじめられました。

私の作業が遅く、かなり鈍くさかったというのもあったのかもしれません。空気を読まずに、思ったことをすぐ口に出す性格も、言われたことを黙ってするというような職人さんばかりがいる環境では、目障《めざわ》りだったのでしょう。

仕事は、ミシンを使って服を縫っていくという作業がほとんどでした。服を作ること自体は楽しくて大好きだったのですが、相変わらずミシンを使うのがびっくりするくらい苦手でした。なぜ合格したのかは、いまだに謎です。

縫う部分ごとにチームが分かれていて、何年かに一度、そのチームのメンバーは入れ替わりました。チームが替わるごとに、私をいじめる人が増えていくのです。

ですが当時、不思議と自分のことを不幸だとは思いませんでした。なぜなら、京都で一番働きたかったところに、4人の中でたった一人だけ選ばれて入社。大好きなメーカーで縫製職人として働けている。しかも私が入社したあとは、5年以上も新しい人が入ってこなかったのです。めったにないタイミングで入らせてもらって、こんな幸せなことはないとすら思っていました。

また、リフレクソロジーの仕事ではずっとアルバイトや契約社員だったのが、この会社で生まれて初めて正社員になれました。職人として働かせてもらって、社会人としての在り方をきちんと教えてもらえたことに、とても感謝していたのです。

だから、どんなにいじめられても、私は好きなことがやれているのでうれしく、いつもニコニコしていました。とはいえ、やはり現場でのストレスは大きかったようで、円形脱毛症になり、頭に2カ所、ハゲができたこともありました。

職場でのいじめがあまりに辛いとき、私は「結界」を作るようにしていました。

お寺や神社などによくある、聖なる場所と、そうでない場所を分ける柵《さく》などを結界といいますが、その結界を自分で作るのです。

やり方は、頭の中で想像するだけ。透明な球体の中に自分が入って、守られているイメージをするのです。

私は毎朝、玄関を出るときに、透明な球体の中に自分が入っているイメージを作ってから、職場に行っていました。固い透明な球体の中にいる限り、私は大丈夫だと思って過ごすのです。

職場で誰かに悪口を言われたり、嫌なことをされたりしても、すべてその球体がはね返して、自分を守ってくれるというイメージを持っておく。これは、スピリチュアルの力がなくても、効果はあります。透明な目にみえない球体がバリアとなって、自分自身を守ってくれるのです。

相談者で、辛い環境にいる人には、このアドバイスをよくしています。嫌な人に会わなければいけない、行きたくない場所に行く約束がある。そんな日は、玄関を出るときに、球体の中に入る自分をイメージしてから行くのです。

誰かの言葉に傷つくというのは、すべて自分の観念です。傷つくかどうかは自分で決めることができるのです。

それならば、「傷つかない」のを選ぶほうが都合がいいはずです。「私は結界に守られているから、この人の言葉に対して傷つかない」とあらかじめ決めておけばいいわけです。

たとえば、苦手な同僚と話すことがあるなら、自分の中でバリアを張った状態で接する。相手のことを無理に好きになる必要はありません。

自分の気持ちに、正直に。無理やり好きだと思い込んだり、自分の本音を曲げてまで接する必要はありません。職場で辛いときは、そんなふうに乗り切っていました。

❋人はみな、ある種のエネルギーに守られている

働いているとき、結界以外にも、私を守ってくれるものがありました。

それは自分のまわりにあるすべてのエネルギーです。このエネルギーは、「気」と言い換えてもいいかもしれません。

神社や大自然の中に行くと、すごく清々《すがすが》しい気持ちになれることはありませんか。

それは、そこにあるものが放つエネルギーを受け取って、そう感じているのです。

この世のすべてのものはエネルギーを持っており、人は多かれ少なかれ、そのものが持つエネルギーの影響を受けながら生きています。

子どもの頃から、そうしたものから発せられるエネルギーを身近に感じながら生きていたので、身のまわりにあるものに対し、常に丁寧に扱うようにしてきました。

職場で使っていたミシンに対しても同じです。

使う前は「今日もよろしくお願いします」、使ったあとは「ちゃんと働いてくれてありがとう」と、いつも心の中で話しかけていました。そうすると、さまざまな場面でミシンが私を助けてくれるのです。

作業場にはいろいろな種類のミシンがありました。「1本針3本糸」のロックミシンの場合、糸の色を変えるには、3本の糸をそれぞれセットするため、通常のミシンを使うときより手間がかかってしまいます。

急いで仕上げないと間に合わないときに、そのミシンの前に行くと、さっきまで別の人が別の色の糸を使っていたのに、ちょうど必要な色の糸がセットされていることがよくありました。

また、作業場には一つしかない機械があって、たいていは順番待ちをしなければなりませんでした。今すぐその機械を使って作業をしないと次の工程に進めず、早く終わらせないと怒られてしまうというときにも、タイミングよく使えたりすることもありました。

そんなとき、「私は一人じゃない」「守ってもらえているんだ」と感じて、さらにもっと頑張ろうと思えたのです。もちろんミシンだけではなくて、糸からハサミから、作業で使うすべてのものが、私のことを守ってくれているとわかりました。

人にはいじめられているけれど、それ以外のすべてが自分の味方だとわかっていたので、めげることなく、続けられたのだと思います。

こうした現象は、私に限ったことではありません。たとえば、こんなことはないでしょうか。

何年もパソコンを使い続けていたら調子が悪くなってしまった。今は買い替える時間がないからと、声をかけたりしてなだめながら使っていたら、それから何年もいい感じで動いてくれたとか。あなたがものに対してどう接するかで、そのものが持つエネルギーも変わってくるのです。

それらは、たまたまだとか、気のせいだとか思うかもしれません。ですが、あらゆるものに対して丁寧に接することで、ものにもいいエネルギーが流れ、助けてもらえるようになるのです。

これは誰もが、すぐに体験、実感できることです。ただ、それをたまたま運がよかったと受け流すか、助けてもらってありがたいと気づくことができるか、その違いだけなのです。

❇どんな状況からも学べることがある

いじめに耐えつつも、この職場では6年弱働き、今までいたどの職場よりも長く勤めることができました。

最終的に辞めると決意したのは、自分のイメージしていた結界が効かなくなったからです。「ここにいる人たちと同じ空気に触れるのも嫌だな」と思うほど苦しくなってきたので、これが潮時だなと思って、辞めることにしました。

社長とその奥さん、経理の方からはかわいがられていたので（それが余計にいじめの原因になったのかもしれません）、事情を話して仕事を辞めると伝えたときは、引き止められました。

上の人たちは、私がこのメーカーの服が本当に好きでこの職場にきたことをよくわかってくれていたので、そのとき私をいじめていた直属の上司を辞めさせようかとまで言ってくれました。ですが、私の気持ちはすでに固まっていたので、無理を言って辞めさせてもらいました。

ある一定の作業を任されていたので、次の人が決まるまで時間もかかりますし、引き継ぎもしなければなりません。本当なら3カ月くらい長引きそうなところでしたが、このときも職場のいいエネルギーに助けられたのか、あらゆることがうまくいって、約10日という短期間で辞めることができました。

なかなかハードな職場でしたが、あの職場で働いたことで、精神的にかなり鍛えられました。もし今、私のすぐ横で悪口を言ってくる人がいたとしても、まったく気にせず、耐えられるくらいには強くなりました。嫌みではなく、心をすごく強くしてもらったなと、今は感謝しています。

むしろ、あのときの経験がなかったら、今のこの私は存在していなかったかもしれません。

社会人になるまでにも、高校1年と2年のなぜか初めの一学期だけいじめられました。人に笑われたり、いっぱい泣いたりしてきましたが、それらはすべて、今私がこの仕事をするために必要な経験だったと思っています。

もし今、辛い環境から離れられそうになかったり、しんどいなと思うことがあったら、まずは現実をみて、受け止めて、「ここから何が学べるか」と意識を切り替えることが大切だと思います。

逃げたほうがいい場合もある

とはいえ、全員が全員に「辛い現実から逃げるな」と言っているわけではありません。真正面からぶつかる必要がない場合も、もちろんあります。

特に、ＤＶや虐待を受けることでの学びはゼロなので、今すぐにでも逃げたほうがいいでしょう。

相談者の中にも、夫に暴力を振るわれて悩んでいる方がときどきいらっしゃいます。

ただ、「今すぐ別れたほうがいいですよ」と、私から言うことはほぼありません。

私の役目は、私の判断でどうこうするべきと指示することではなく、そのときに届いてきたことを伝えるだけだからです。

ですが、離婚したら収入がなくなって生活できないとか、子どもがいるから離婚できない……と悩んでいるなら、何らかの方法は必ずみつかるはずなので、早く暴力を振るう人から去ることを選んでほしいなと思いながらお話ししています。

人に嫌われたらラッキーと思え

6年弱会社にいたことで、学んだことはもう一つありました。真面目に生きて、人生を楽しんでいる上で「人に嫌われたらラッキー」だと考えるようになったことです。人から嫌われるということは、その人とは話さなくていい、離れてもいいというサインです。

私は、人生とは命の時間だと捉えています。「何かに時間をかける」ことは、自分の命を削っていることになります。

貴重な自分の命を削りながら過ごすのが人生だとしたら、嫌な人と過ごすことで命の時間を削ることはありません。可能なら、その人から離れて過ごすことが一番だと考えています。

たとえば、会社の飲み会。行きたくないなぁと思っても、上司に出ろと言われるからとか、お客様とのつき合いがあるからと空気を読んで、無理して参加することもあると思います。行って自分が楽しめるならいいのですが、イヤイヤ参加するくらいだったら、思い切って「行かない」選択をするほうが、断然いいと思います。

嫌だと言いつつも、仕方なく行っている人は、実はその集まりに行くことで、無意識に自分を安心させているのかもしれません。「私はこちら側の仲間でいられる」という、仲間はずれにはなりたくないという意識です。

でもはたして、大切な自分の命の時間を削ってまで、その人たちと一緒に過ごしたいのでしょうか。かえって、そんな基準で物事を捉えるようにすると、いろいろなことが決断しやすくなるかもしれません。

そして、逆に誰かに会っているときは、その人の命の時間をもらっているという感覚を持つべきだと思います。

私はふだんからそんな感覚でいるので、人との待ち合わせに遅刻をすることは、ほぼありません。常に15～30分前に待ち合わせ場所に着くことを意識しています。

遅刻グセが直らないという人がいたら、こうした意識を持っておくと、自然と遅刻もなくなると思います。

さて、「嫌われたらラッキー」というのは、こうした考えの上にあります。誰かに嫌われたら、わざわざその人から飲み会に誘ってもらうこともありません。誘われなければ断る必要もないし、飲み会に行こうかどうしようかと悩む必要もありません。

これはむしろ、効率的ではないでしょうか。嫌ってくれるからこそ誘われもしないし、話しかけられもしない。つまりは、相手に時間を奪われることもない。

その分、自分の好きなように時間を使うことができるわけです。自分を嫌っている人を相手にする時間など、あなたの人生に一秒だってないのです。

もし誰かに嫌われたり、理由もわからず恨まれたりしたら、無理に好かれようとする必要はありません。嫌いなら、嫌いなままでいいのです。

無理に好きになろうとしたり、私は嫌いじゃないと思い込んだりしていい人になる必要もなく、ただ自分の気持ちに正直でいるほうがいいと思います。

たとえば、車の運転をしているときに、ウインカーの点滅もなく急に前に車が入ってきたとします。一瞬、「危ないな。この人の運転、危険だな」と思うかもしれません。イラッと腹が立つこともあるでしょう。そう思ってしまうのは、仕方がありません。それでもいいのです。その代わり、思ったら思ったで、

「はい、終わり」

感情をそれ以上、引きずらないようにします。

じとじとと恨みがましく、「危ないな、腹立つなぁ」なんて、思い続けなくてよいのです。それは単なるエネルギーの無駄遣いです。

その代わりに、別にいい人になる必要も全然なくて、嫌いと思っているなら、そんな自分も受け入れる。それでいいのです。

ただ、嫌いな人であっても、何かやってもらったことがあれば、「ありがとう」とちゃんとお礼を言う。人として最低限の接し方ができていれば、それで何の問題もありません。

むしろ、〇〇さんのことを嫌っている自分が悪いと思い込んだり、「よく考えたら〇〇さんは悪い人ではないよね」と自分の本心をごまかしたりするほうが、私には怖

いなと思います。

ネガティブな気持ちであっても、自分の本当の気持ちには、常に意識を向けておくべきです。そうしないと、どんどん自分の本心にモヤがかかって、みえなくなってしまいます。

「自分の気持ちに素直に生きること」——生きていく上で本当に大切なことは、このシンプルな一言に集約されていると思います。

❋スピリチュアル テラーとして活動を始める

スピリチュアルの才能を活かして、親戚の相談にのることは10代の頃からよくやっていました。

あるとき親戚から家を建てるから土地をみてほしいと相談がありました。みに行ったところ、みた目にはきれいな水平の土地だったのですが、土の奥のほうに凹《へこ》みがあるのが伝わってきました。そこで、凹んでいる部分は強化してもらったほうがいいし、その部分には重いものを置かないほうがいいというアドバイスをしました。

その後、親戚が改めて不動産屋さんに土地を確認してもらったところ、たしかに凹んでいた部分があったと教えてくれました。

また、いとこの子どもが生まれたときに、いくつかある候補の名前から、「〇〇という名前は大人になったときにすごくいいよ」と提案することもありました。それらは普通に相談にのる感覚でやっていました。

会社を辞める少し前に、初めて血のつながっていない人の相談を受けたことがありました。いとこが連れてきた友人でしたが、「ちょっと悩んでいることがあるみたいだから、みてあげて」と言われて、その方に届いてきた言葉を伝えた瞬間、ぶわ〜っと大粒の涙を流して泣かれてしまいました。

身内でない人の、率直な反応をみたときに、「あぁ、ようやくこれを仕事にしてもいい時期がきたんや」と感じました。頭の中で、カーンカーンカーンと鐘が鳴ったかのような感覚があったのです。

ただ、そのときはまだ会社に勤めていたので、「会社に籍を置きつつ、何とかこの才能を活かして働くことはできひんかな」と考えていました。いつかはスピリチュアル テラーとしてやっていきたい、これが私の使命だと理解はしていたものの、安定した職を捨てて、いきなりスピリチュアル テラーとして一本でやっていくのには不安がありました。それよりも、会社員でいれば毎月安定してお給料をもらえる。ボーナスもある。スピリチュアル テラーとしての活動と仕事を両立できたらとも考えました。

でも両立する間もなく職場でのいじめがエスカレートし、精神的にどんどん追いつめられ、仕事を辞めざるを得ない状況になってしまいました。そのときにようやく「今、私に残っているのはスピリチュアルの能力だけや。これしかない」と、専業でやっていく覚悟ができたような気がします。

もしかしたら、会社でいじめに遭って辞めることになったのも、私がスピリチュアル テラーとして本格的に活動するための布石《ふせき》だったのかもしれないと今は思います。

あれがなかったら、今こんなふうに活動することもなかったかもしれません。

失敗と学びの繰り返し

数年前から、スピリチュアル テラーとして活動を始め、今でこそたくさんの方に相談にきていただけるようになったものの、最初から順風満帆にいっていたわけではありませんでした。

私の身内に活動を始めることを伝えたところ、最初はそれぞれが知人を紹介してくれました。知人が友人を呼び、また友人を連れてきてくれるようになり、本当にぼちぼちと、口コミで私にみてもらいたいという人が増えていきました。

それが次第に広がっていき、京都でしか活動していなかったのが、今では大阪、名古屋、東京、横浜、金沢、奈良、博多、沖縄などでもお客様の相談にのらせていただくまでになり、今に至ります。

活動を始めてしばらくして東京にもお客様が少し増えたとき、京都から東京へ拠点を移すことを考えました。東京を本拠地にして、そこでもしっかり活動することができたら、「本当に私はこの仕事で生きていける」という確信が持てると思ったのです。

そんなふうに考えていたタイミングで、東京に住む人と友人になり、彼女には「知り合いに不動産屋さんがいるから紹介するね」とも言ってもらいました。

東京でのお客様が少しずつ増え、住むところも探すなど、とんとん拍子に話が進んでいたのですが、ある日彼女から、母親に「そんな職業の人とつき合ってほしくない」と言われたと聞かされました。

結局、友人は母親の言うことを受け入れ、不動産屋さんを紹介してくれるという話もなくなりました。

そのあとも自分で住む場所を探していたのですが、東京のお家賃は高くて、またこの職業柄、しっかりした保証人もみつからず、結局、東京進出は諦めたのです。

まだ私は東京に行くタイミングではなかったのだと思ったのですが、挫折感があり落ち込みました。

「東京はあかん」と見切りをつけ、私は気分一新、大好きなハワイに飛びました。

すると、今度はそこで出会った男性が、「東京がダメだったんなら、ハワイで一緒に仕事をしよう」と声をかけてくれました。そして、その人は、私がハワイに住む仮の場所として、すぐにコンドミニアムを借りてくれたのです。

そこで、まず7日分の宿泊料金を男性に払ったのですが、何日経っても具体的な仕事の話に進みません。そのうち私は、その人を信用できなくなりました。

結局、ハワイで仕事をする話も破談になりました。東京進出に失敗した傷心旅行でもあったのに、行った先のハワイで、またも辛い出来事に遭遇したのです。

立て続けに失敗して、泣きっ面に蜂とは、まさにこのこと。

あとから考えると、東京に住めなかったから、次はハワイだと安易に考えて、逃げてしまったのがいけなかったのだと思います。

なぜ東京進出がうまくいかなかったのか。

私はこの問題ときちんと向き合わず、ハワイへ逃げていただけでした。ハワイでの失敗は、そんな私に「きちんと学びなさい」と伝えるために起こったのです。

とはいえ、コンドミニアムのお金はきちんと取り戻せたし、幸いにして命もある。この程度の失敗ですんでよかったと今では思えるようになりました。

現在は京都を拠点に活動を続け、またチャンスがあれば東京進出に挑戦してみたいと考えています。そのときこそは前回の失敗から学んだことを活かして、実現させたいと思っています。

❁失敗してこそ次に進める

相談者の方から、ときどきスピリチュアルの能力を羨ましがられることがあります。未来がみえたり、気になる人の気持ちがわかったりしたら、さぞかし便利だろうな、と。

未来から届くメッセージ通りに生きていけば、もしかしたら失敗という痛手を負うことなく、万事うまくいくのかもしれません。

でも、失敗をせず、すべて思い通りに進む人生が、本当に幸せでしょうか。

実は、東京進出やハワイでの出来事も、事前に失敗を予感させるメッセージは届いていました。

みなさん一人ひとりに見守ってくれる存在があるように、私にも、私を見守ってくれている存在があります。東京進出のときは、その存在から、新幹線で京都に舞い戻るイメージや、振り出しに戻るというメッセージをもらっていました。

そのため、行く前から嫌な予感はしたものの、どうしても挑戦してみたいという思いのほうが強く、あえて届くメッセージは聞かないようにしていました。

結果は前述の通りだったのですが、それでも私は自分の思いに従って、やりたいことをやってよかったと思っています。

結果がわかっていても、実際に自分がやってみて初めて本当の意味でわかることはたくさんあります。行動してみなければ気がつけなかったこと、やってみて初めて腹の底で腑に落ちる感覚、などなど。

届くメッセージに従って、「やってもどうせ失敗するなら、しないほうがいい」と行動しない選択肢もあったのかもしれません。でも、失敗したからこそ、私が次にすべきことがわかりました。

私の場合、失敗を通してみえてきたのは、「もう一度、自分のやり方を見直す」「今、ここでできることに全力を注ぐ」ということでした。

そうして自分を振り返り、京都での活動に改めて力を注げたことで、当初より自分の力が研ぎ澄まされていると感じます。

失敗がなければ、こうした成長はなかった気がしています。

進むべき道には、いつかたどり着ける

20代の頃の私は、リフレクソロジーのお店を転々とし、揚げ句にまったく違う分野の専門学校に通い始めるなど、今振り返ってみても、そのときどきの思いつきやひらめきで、寄り道ばかりしてきました。

正社員でもなく、先のみえない安定しない仕事ばかりで不安もありました。何とか

きちんとした職に就きたいという思いは、常に抱えていました。

でも今、私はこうして自分の天職にたどり着けています。

みなさんにも、あの頃の私のように、先がみえない、将来が不安と思うときがあるかもしれません。ですが、私がしてきたように、今、目の前のできることを精いっぱいやっていれば、必ず自分がたどり着くべき場所に行くことができるのです。

人はみんな、自分を信頼して行動していれば、どんな道を進んでいようとも、いつかはきっと進むべき道をみつけられるようになっています。

今どこで何をやっていたとしても、目いっぱい生きているのであれば、その道は常にゴールに向かっています。そう信じてまずは行動してみることが大切です。


私は、よくこんなたとえをします。

自分の人生のハンドルを握っているのは、常に「自分」です。自分という名の車に乗り、運転手である自分がどうハンドルを切るのかで、人生は変わっていきます。

右に曲がってみたり、左に進んでみたり、寄り道をしたり、脇目も振らず、まっすぐに進んでみたり。今進んでいる道がどんな道であったとしても、それは自分で選んで走っているのです。

また、人は生まれながらにして、進むべき道が決まっています。先の東京進出の場合を例に取ると、私が本来進むべき道をはずれ、違う道に進もうとしたため、失敗という出来事により元の道（京都での活動）に戻されたのだと思います。

これまでも届くメッセージを無視して、無理やり進もうとしたことがあったのですが、いつも何かしらの出来事があって、結局は戻されるということが何度もありました。

このことから、人が本来進むべき道ではない、間違った方向へ進もうとすると、必ず何か出来事があり、また元の道へ戻るようになっているのだと気づきました。

どんなときでも、最後は自分の道に戻されるといったほうが正しいのかもしれません。

回した車のハンドルを握る力を弱めると、自然と真ん中に戻るようになっています。人生もそれと同じなのです。あなたの握っているハンドルも、自分の進むべき道へ自然と戻されるようになっています。

人生の岐路に立ち、右に進むか、左に進むか迷ったときは、行きたいほうに覚悟を持ってハンドルを切ってみる。どっちに転んでも、いつかは自分の道を進めるようになっているのだから、それなら行きたい道を選ぶほうが楽しいはずです。

そう考えると、人生で起こる出来事は、どれも自分の道に戻るためのきっかけばかりであるといえます。よくいわれますが、「失敗は成功のもと」。

失敗することで、軌道修正してもらっているという感覚でいるといいのかもしれません。

第5章

残された人には幸せになる義務がある

みんな役割を持って生まれてきた

大切な人が亡くなっても、残された人はそのときがくるまでは、生きていかねばなりません。

生きていくのが辛いとき、生きていく意味がみいだせないとき、あの世から届くメッセージにヒントが隠れていることもあるのです。

「私は何のためにこの世に生まれてきたのですか？」

このような相談をされる方は、比較的多いのです。特に身近な人を亡くしたあと、なぜ自分だけが生きていて、あの人が死んでしまったのか。大切な人を亡くしてこれからどう生きていったらいいのか、無力感に襲われる人も多いようです。

人はみんな、役割を持って生まれてきています。その役割をはたすため、いろいろなことを経験するために生きていくのです。

その役割に気づかずに過ごす人もいれば、その役割を仕事として担って、「これは天職だ」と思いながら働く人もいます。

もちろん、今就いている仕事と、本来の役割が違う人もいます。持って生まれた役割＝仕事とは限りません。むしろ、人生の役割が職業としての仕事になっている人は、まれだと思います。

編みものの好きな人が、趣味で編みものをしているとき、「編みものをしている間はすごく幸せ」と感じていたら、それが持って生まれた役割なのかもしれません。

この「編みもの」が、人によっては絵を描くことだったり、歌を歌うことや料理をすること、家事だという人もいるでしょう。

なぜかわからないけれど、どうしても子どもを育てたくて仕方がなかったという人がいたら、それもまた一つの役割なのです。

大切な人を亡くして生きていくのが辛いとしても、人生の役割を全うするまでは生きていかねばなりません。人生の役割が何なのかわからないという人は、わからないなりに、生き続けていく中でみえてくるのだと思います。

そして、その役割をみつけようともがく過程も、生きていく意味につながります。

人生とは修業の場であり、人間性を磨くことで魂のレベルを上げる、ともよくいわれます。魂のレベルが上がるかどうかは最終的な「結果」であり、目的ではないと私は考えます。

自分の役割とは何かを考え、精いっぱい生きた結果、魂のレベルが上がっていれば、あの世で歩く年数が短くなったり、川のそばを歩く環境がよくなったりするのでしょう。

それらは亡くなったあとに気がつくことですから、現世ではまず自分の役割を一生懸命はたすことが重要になるのです。

自分の役割に気がつくためにできること

もし今、自分の役割がよくわからない、生まれてきた意味がわからないというなら、自分の理想とする人を目指してみてください。

あなたが理想とする人は、どんな人ですか？

その人が、毎日欠かさずしていることは何ですか？

その理想の人がするであろう行動を、少しの間、真似《まね》してみるのです。

理想とする人、目標となる人がいないのなら、自分の頭の中に自由に「理想の人」を作ればいいのです。自分の思い描く「理想の人」に近づけるようにするには、何をしたらいいのか。そう考えることも、持って生まれた役割に気づく一歩となります。

私の理想とする人は、「自分で自分を信頼できる人」です。自分自身を裏切ることがないよう、私が思う「信頼するに値する人」でいられるようにと考えながら、毎日を過ごしています。


それでもどうしたらよいのかわからない人は、5年後、10年後の自分が今の自分をみて、どう思うかを考えてみてください。

私が職場で先輩たちにいじめられ、円形脱毛症になるくらいストレスを感じていた頃、未来の自分から「あんた、そこで何してるの」とメッセージが届いたことがありました。

私はそれを、「いつまでもこの会社にいたらあかんで」という意味に受け取りました。このまま働き続けても、私の理想とする未来にはたどり着けない。未来からのメッセージは、会社を辞める決断をする一助となりました。

もし、未来の自分が今のあなたをみたら、何と声をかけるでしょうか。

今、自分が理想とする「未来の自分」にたどり着ける道を歩いているかどうか、考えてみてください。「今」ではなくて、もう少し遠くから、自分を眺めてみるのです。悩みのど真ん中にいたら気がつかないことも、少し離れてみると、みえてくることがあります。

未来の自分からのメッセージを受け取る力は、誰もが持っているのです。

毎朝目覚めることは奇跡そのもの

朝、起きたときに私はいつも「今日も、また目覚めることができた！」と感謝します。

毎年、誕生日にお祝いをする人は多いと思いますが、私にとっては、毎朝がハッピーバースデーなのです。

どんなにひどい失敗をしても、どんなに悲しいことがあっても、朝起きたら、生きていることに感謝する。だから、昨日ひどい失敗をしたからといって、そのことを引きずることもありません。

重い病気を抱えている人の中には、「今日眠りについたら、もう二度と目が覚めることはないのかもしれない」という不安の中で生きている人もいます。

もしかしたら、夜中に災害が起こって、そのまま命を落とす可能性がないともいえません。

朝がきて目が覚めるということは、それだけで素晴らしいことなのです。今日を生きるチャンスが与えられたということです。

ふだんからそういう感覚でいれば、毎朝、目が覚めた瞬間から今日を生きる喜び、目が覚めたことへの感謝を感じられるはずです。

今日も新しい一日が始まる。

毎朝、自分が新しく生まれ変わったと思って、その日一日がよりよい日になるよう集中する。一日一日の積み重ねが人生を作っていくのですから、昨日の失敗を引きずったまま生きていくより、生まれ変わったと思って、その日一日を気持ちよく過ごす努力をしたほうが、いい未来につながるはずです。

こんな感覚で日々を過ごしていると、試練と思えるような出来事があったときも、気持ちを楽にすることができるのです。

残された人がやるべきこと

これまでに亡くなった人からのいろいろなメッセージを受け取り、伝えてきましたが、残された人の中には「もっとこうすればよかった」と後悔している人が多い気がします。

だからこそ、亡くなった人に会いたい、話したいという思いが募って、私のところへ相談にこられるのだと思います。

生きている人が、亡くなった人のためにできること。それは今、自分のできることを一生懸命やること。これに尽きます。

もちろん、悲しみにひたる時間を持つことも大切だと思います。ですが、心残りや後悔は、亡くなった人にとってプラスには働かないのです。

ある女性は、娘さんの闘病生活を支え、その最期を看取りました。まわりの人が「こんなにも尽くせる人がいるだろうか」と感じるくらい、その女性は朝から晩まで娘さんの世話を焼き、常にそばにいて寄り添っていました。

それでも、本人としては「もっとできることがあったんじゃないか」と後悔を抱えています。

大切な人を亡くしたとき、「すべてをやりきった」と納得して見送れる人は、少ない気がします。

女性は、お葬式を終えたあとも毎日のように、「〇〇ちゃん、ごめんね」と仏壇に話しかけていました。

手を合わせ、亡くなった人に話しかけてあげることはよいことです。亡くなった人にとってはすごくうれしいことなのですが、マイナスの念は、あの世によくない影響を与えてしまいます。

後悔の念を伝えるよりも、生き生きとした姿をみせてあげたほうが、娘さんも安心してあの世での時間を過ごせます。

話しかけるなら、「ごめんね」ではなく、「私は元気でやっているよ」「いつも見守っていてくれて、ありがとう」くらいの明るいメッセージのほうが喜ばれるのです。

区切りをつけて前向きに生きる

Qさんは、「一生この人しか愛せない」と思えるような素敵な旦那さんとめぐり逢《あ》い、結婚をした人でした。旦那さんを亡くされて相談にこられたのですが、初めての相談では「夫以外に、もう誰かを好きになることはない」と言っていました。

旦那さんが亡くなられたことは悲しいことですが、Qさんがそこまで夢中になれる人と出会えたことは、宝物のような奇跡に私には思えました。

Qさんの熱い思いを旦那さんに伝えたところ、「それで、いいよ。好きなように生きたらいいよ」というメッセージが届いてきました。

私としては、自分が亡くなったあとも、奥さんに幸せになってほしいなら、「いい人をみつけて結婚してほしい」、そんなメッセージが届くのではと勝手に考えていました。

なので、「もう誰も好きにならない」という言葉を肯定した旦那さんからのメッセージは、ちょっと意外に感じたのです。

同時に、旦那さんからの「愛していたよ」という思いも伝わってきたので、その言葉もQさんにお伝えしました。

亡くなった旦那さんからの愛を確信し、Qさんは笑顔で帰っていかれました。

ですが、次にQさんがこられたとき、「実は私、いい人を探そうと思っているんです」と意外なことをおっしゃいます。その気持ちの変化に驚きました。

Qさんはきっと、旦那さんに「好きなように生きたらいいよ」と肯定してもらい、旦那さんと過ごしていた時間を「精いっぱい生ききった」と納得できたのだと思います。

だからこそ、次の一歩を踏み出そうと思えたのでしょう。

前を向いて、再び自分らしく生きようとしている奥さんを、まぶしそうにみつめる旦那さんを感じました。

残された人は、亡くなった人に生き生きとした姿をみてもらえるよう、まずは今できることに集中してみてほしいなと思います。

病気は「自分」と向き合うために与えられる

私のところには、いろいろな病気を抱えた方が相談にこられます。

「私の病気は治りますか？」

「この治療法でいいのでしょうか？」

「私はいつまで生きられますか？」

多くの人は、病気だけをみて治そうとするかもしれませんが、まずは病気になった自分自身に目を向けて、これまでの生き方がどうだったのか、そしてこれからどう生きたいかを考えることが大切です。

大きい病気、小さい病気にかかわらず、その方たちに伝えたいのは、病気になったということは、自分の人生と向き合うチャンスが与えられたということです。

病気になったことを、不幸だと捉える人も多いと思いますが、私は逆に、病気がその人を守ってくれるとも考えています。

病気が、自分と向き合う絶好の機会を与えてくれているのです。これまで通りの生き方で本当にいいのか、問われているのです。

これまでに「病気でもしなければ気がつけなかった」といったことはありませんでしたか？　足をケガすれば、あんなに元気に歩けていたのは、すごくありがたいことだったと思うでしょう。

また誰かが看病してくれたり、話を聞いてくれたりするだけで心強く感じたり、そうしたふだんならあたり前と思っていたことに感謝できるようになったりと、病気のおかげで意識を向けられるようになったことは多いと思います。

働きすぎていた人にとっては、病気は「少し休みなさい」というメッセージかもしれません。

病気になったら、まずはこれまでの生き方を見直すよい機会をもらったと捉えてください。不運に思える出来事があったときこそ、自分はこれからどう生きたいか、自分の気持ちをきちんと理解するときなのだと思います。

病気になったときにすべきことは、病気を嘆き悲しむことではなく、これからをどうするか、どうしたいかなのです。

病気が何らかを教えてくれる絶好の機会であることは、間違いないのです。

病気になってから気づくこと

病気になったからこそ、気づきがあり、人生を充実させて過ごせるようになると前項でお伝えしました。

お客様で、病気で奥さんを亡くした男性Xさんがいます。病気がわかって亡くなるまで、その様子を間近で見聞きさせてもらって、改めて病気とは、なった本人だけではなく、家族がどうあるべきかということを、最後の最後にもう一回考えさせてもらえる機会なのだと思いました。


Xさんの奥さんは、病気が判明したときにはかなり進行していたため、もう手の施しようがない状態でした。

先ほど病気には、これまでの生き方を見直す意味もあるといいましたが、もう一つ「運命」という場合もあります。運命だとしても、やはりその病気が何らかの機会であることには違いありません。

奥さんは、自分が治らない病気になったという現実を受け入れ、「死ぬまでにやりたいことを全部やっておきたいから」と言って、病気になる前より活動的になったそうです。

その様子をそばでみていたXさんが「病気になってからのほうが、むしろ生き生きとしていた」と言うほどでした。

また、それまでXさんは仕事が忙しく、奥さんとゆっくり話す時間もほとんどなかったのが、奥さんの病院通いにつき添うことで、ようやく二人での時間が持てるようになったと言います。それは、Xさんも奥さんの病気という現実を受け入れ、仕事優先だった生活を変えたからこそ生まれた時間です。

家族が病気になったとわかっても、仕事は忙しいまま、生活を変えない人もいます。もしかしたら、家族が病気になったという現実が辛く、目をそらしてしまっている場合もあるでしょう。ですが、現実を受け入れ、そこからどうしたいのかに気がつけるかどうかで、病気への解釈は変わるように思います。

Xさんの奥さんは、病気がわかってから4年後に亡くなられましたが、最後にいわゆる冥土の土産ともいえる夫婦の濃密な時間が過ごせて、幸せだったのではないでしょうか。

病気にならなかったら、もしかすると、そんなふうに過ごせなかったかもしれません。

その後、Xさんは子どもたちとのつき合い方も変わりました。

子どものことはすべて奥さんに任せきりで、成人してからはほとんど交流もなかったのが、奥さんの病気のことで会う機会、話す機会が増え、今まで知らなかった子どもの新たな一面をみることができたと言います。

そして、こうも言っていました。

「もし妻より先に自分が死んでいたら、最後に妻とゆっくり話す時間もなく、子どもたちともこうした時間を過ごすことはできなかったかもしれません」

そうした気づきや、お子さんとの時間も、病気や奥さんが残してくれたものです。

病気になったとしても、病気のおかげで見直せることがある。何かヒントをもらえているのだと解釈してみるのも大切なことだと思います。

それは今回のように病気かもしれないし、事故かもしれない。それこそ誰かの死であったり、離婚であったり……。

不幸に思えることは、何かしらを教えてくれるために起きている。人生について、じっくり考えさせてもらえるチャンスなのだと思います。

飼い主のために出てきた白い犬

お客様の相談にのっている最中に突然、犬が登場したことがありました。といっても、本物の犬が迷い込んだのではなくて、白い犬の霊です。

家の中をバタバタと駆けまわる様子がみえたので、相談者のSさんに「今、白い犬が家の中を走っているのがみえます」と言うと、「それはもしかしたら2年前まで飼っていた犬かもしれません」との答え。

長らく犬を飼っていたものの、2年前にその犬が亡くなって以来、もう犬が飼えなくなってしまったそうです。

しばらくすると、その白い犬が、床に敷いてある白いマットの上で寛ぎ出したので

「家に白いマットが置いてありませんか？」と確認したところ、「あります、あります。そこは、あの子のお気に入りの場所だったんです」と教えてくれました。

犬はちゃんと成仏していたものの、ときどき魂だけは大好きだった家に遊びに戻っているようでした。

さらには、自分の骨つぼが家の中にあることを知り、それが気持ち悪いと訴えてきます。Sさんは犬の死後2年経ってもまだ、お墓に納骨する気になれず、ずっと家に置いていたのでした。

そこでSさんには、「ワンちゃん本人が気持ち悪いと言っているので、骨はそろそろお墓に納めてあげてもいいかもしれませんね」とお伝えしました。

ワンちゃんは自身の骨つぼのことに加え、「もう次の犬を飼ってもいいよ」とも言ってきます。Sさんにそのことを伝えると、少し戸惑っているようでした。

家族同然だったワンちゃんは、ずっと今までSさんの心の中にいて、支えていました。その存在が大切なものであったからこそ、ずっと次の犬を飼えずにいたのでしょう。でも、新しい犬を飼うことは、亡くなった犬を忘れたり、ないがしろにしたりすることには決してなりません。

自分がいなくなったあとも、Sさん家族には幸せでいてほしい。白い犬は、まだ一歩踏み出せない飼い主のために伝えたいことがあって、出てきたように感じました。

自分がいなくなったあとも、飼い主のことを気遣うワンちゃん。Sさん一家とワンちゃんは、とてもよい絆《きずな》で結ばれていたのだなぁと感じました。

第6章

うれしいことがたくさん起きる暮らし方

運をよくしたいなら感謝をしよう

よく聞かれる質問の一つに、「運気を上げるにはどうしたらいいですか？」というのがあります。

具体的にどうしたらいいのかは、一人ひとり違うのですが、ただ一つどんな人にでも共通しているのは、「あらゆることに、感謝をする」ということです。

私はすべての物事において「感謝しかない」というほど、日々の暮らしの中で、ありがたいと感じています。

相談者にそう伝えると、「何に感謝していいか、わからない」と言う方もいらっしゃいます。

そういう人はまず、「自分が生きていること」に感謝することから始めてみるといいかもしれません。

朝がきて、「お、今日も生きている」と喜びを感じる。前の章でお話ししたように、今日という日を生きられることに感謝する。自分で、今日を生きる自分に「ありがとう」と言ってみるのです。

こう言うと「自分に感謝するほどのことはない」「自分に感謝するよりも、他人に感謝するほうを優先すべきでは？」などと思う人もいるかもしれません。ですが、自分に感謝できない人は、自分を大切にすることができません。そして自分を大切にできない人は、他人を大切にすることもできないのです。

最初は違和感を抱えたままでもいいので、とにかく今の自分に「ありがとう」と言ってみてください。何十回、何百回、何万回と「生まれることができて、ありがとう」と言い続けてみる。すると、いつか違和感がなくなるときがくるはずです。

違和感がなくなるまで一週間かかる人もいれば、数カ月かかる人もいるかもしれません。でも、違和感がなくなる頃にはきっと、心の底から、今の自分に「ありがとう」と言えるようになっているはずです。

朝がきて目を覚ます。「そんなことで感謝？」と思うかもしれませんが、病などで明日をも知れぬ身の人からすれば、あたり前に目が覚めて、今日も一日生きられることほど、ありがたいことはないのです。

まさに、毎日がハッピーバースデーなのです。

私の場合、相談者の方がきてくださることを、単に「仕事をしている」とは思っていません。相談者が自分の命の時間を使って、わざわざ私に相談しにきてくれると思うと、これも感謝せずにはいられません。

そうした「感謝のタネ」を意識しながら暮らせるようになると、自分が奇跡的に存在していることに気がつけるようになると思います。

ほんの小さなことにも日々感謝できるようになれば、それだけで以前より運気が上がったも同然なのです。

「ありがとう」と口に出して言う

日常の中で誰かに何かをしてもらったら、その都度「ありがとう」と、きちんと口に出して相手に伝えていますか。

心の中で思うだけではなく、口に出して伝えると、それは何倍ものよいエネルギーになって、自分のもとへ返ってきます。

そして、「ありがとう」と同じように、「ごめんなさい」という言葉も大事です。でも今の時代、そのたった一言が言えない人が、とても多いように思います。


中には、素直に「ありがとう」と伝えることが照れ臭いという人もいるかもしれません。そんなときは、心の中で言ってみてください。直接言えたらベストですが、「感謝」という感情を意識できるかどうかが大切です。

直接本人に言えなくても、その人が目の前にいなくても、帰り道で一人になったときでもいいので、心の中で「ありがとう」と言ってみる。その場では気がまわらず「ありがとうって言い忘れたな」と思ったら、そのことを思い出したときでいいのです。

「ごめんなさい」も同じです。心をこめて言ってください。自分の心がそうしたいと思ったときに、心の中で言う。それが、「あらゆることに感謝する」ことにつながっていきます。

この世の中が、きちんと「ありがとう」と言える人でいっぱいになったら、すごく生きやすい世の中になるのではないかなぁといつも思います。

悪口を言うと自分にバチがあたる

私は子どもの頃から、母親とケンカをして悪口を言うと、すぐにどこかで頭をぶつけたり、ちょっとしたケガをしてしまったりということが、しょっちゅうありました。そんなことを繰り返し体験してきたので、悪口を言うことの怖さを、身をもって知っています。

自分の悪い行いは常にみられていて、毎回誰かの悪口を言うたびに、すぐにそれは自分にはね返ってきて、バチがあたるようになっているのです。

腹が立ってつい悪口を言ってしまい、軽いケガをする程度なら、まだいいのかもしれません。

嫌なことをされると感情が高ぶって、つい「悪いことが起こればいいのに」とか思ってしまうかもしれません。でも、それが積もり積もると、自分に返ってくるので、本当に怖いのです。

私は、自分の言動が自分にはね返ってくることがわかっていたので、以前、働いた職場でいじめに遭っていたときも、相手の悪口を言ったり、不幸を願ったりすることはありませんでした。悪口を言っても、そんな自分が悲しくなるだけだからです。

また、憎しみはマイナスエネルギーが強いので、相手を憎んでしまうと、せっかく自分が持っているプラスエネルギーまで吸い取られてしまいます。

悪口を言うことに、何一つよいことはありません。

とはいえ人間ですから、嫌なことをされて反射的に悪口を言ってしまったり、よくないことを思ってしまったりすることは誰にでもあると思います。

あとは、悪口を言うことがストレス発散になっている人もいるかもしれません。悪口がいかに怖いものであるか、身をもって理解している私も、いまだに言ってしまうことはあります。

そういうとき、私はまず「ごめんなさい」と心の中で相手に謝ります。真剣に謝ると、言ったことは帳消しになります。思ってしまったこと、言ってしまったことは自分の本心ではあるので、それは仕方がないのです。

いいエネルギーに包まれるには？

運気を上げるには、ほかにもやり方があります。

自分のいる空間の風通しをよくする、キレイにしておくというのも一つの方法です。

そうすることで、その場の持つエネルギー状態がよくなり、そこに身を置く人の運気もアップするのです。


あるドラッグストアの店長さんが、最近売上げが伸び悩んでいると相談にこられたことがありました。

お話を聞くうちに届いてきたのは、机の上がものだらけの汚い部屋の風景。聞くと、会社の事務所のようです。床の上にはゴミが散乱しており、ほこりが溜まって掃除をしている様子もありません。

元々、この方は運気がよく、いいパワーを持っている人のはずなのに、部屋が汚れていることで、だいぶ運気が下がっていたようです。

部屋が汚いと場の空気がよどみ、結果、そこにいる自分もダメなエネルギーに囲まれます。それでは、せっかく持っているパワーも発揮できません。人はダメなエネルギーに影響を受けやすいのです。

そこで店長さんには、とにかく事務所を片づけて、キレイにするようにアドバイスしました。

その後、事務所の机を片づけて整理したとたん、店舗の成績も上向いたそうです。

事務所を片づけたことで、場のエネルギーが磨かれ、店長自身が元々持っていた運のよさを発揮できたのだと思います。


また別の方ですが、同じように会社の業績で悩んでいた男性がいました。この方は、何年もお墓参りに行っていないようでした。

そこで「最近、お墓参りに行かれてますか？」と尋ねたところ、ハッとした表情で、「仕事が忙しく、全然行けていませんでした……」と言います。

その後、私のアドバイス通り、お墓参りに行き、墓石を磨くなど掃除すると、「みるみる業績が回復した」とのことでした。

ご先祖さまの墓石を磨くことで、くすんでいた自分自身のエネルギーもキレイに磨かれたのだと思います。自分自身がクリアになると、思考もクリアになり、直感も冴《さ》え、いい決断を下せるようになります。

いいエネルギーに囲まれるという意味でいうなら、音楽のライブなどに行って、その場、その空間の楽しいエネルギーを感じることも、運気アップにつながるように思います。

ライブに限らず、野球観戦などの趣味でもいいと思います。行って元気をもらえる、行って自分が楽しいと思えるなら、それがいいエネルギーに満たされている証です。

一方で、溜息《ためいき》をついたり、ネガティブな発言ばかりする人のところに行くと、運気は下がります。そういう場合、私はなるべく近寄らないようにしています。それが長年の友人だとしても、少し距離を取るか、なるべく間を空けて会うようにします。

なぜなら、そういう人と一緒にいても、よいことは何も生まれないからです。

その人のマイナスエネルギーに引きずられてしまうこともあるので、言い方が厳しいかもしれませんが、会うだけ時間がもったいないのです。


私は自分自身が、必要な運には好かれていると思っているせいか、相談者の方から、「サトミさんの運をもらいたいから、ハグしてください」とか、「握手してください」と言われることがあります。

それに対して、私はいつも「もう全部もらっていってください」と言っています。

私に届く運は、強運《きょううん》よりはるかに大きいと思っているので、自分で勝手に「大運《たいうん》」と呼んでいます（ギャンブルなどの勝負事運は極弱）。

この「大運」のエネルギーは泉のように湧き、決して涸《か》れることがありません。

そのため、相談にこられる方には、少しでもその運気を感じてもらい、何か持って帰ってもらえたらいいなと思っています。

❀水まわりの環境は、あの世にも影響を与える

若い女性の方から、太ももに出た発疹《ほっしん》が治らないという相談を受けました。20歳まで健康体で何一つ病気をしたこともなかったのに、20歳を越えた頃から突然症状が出始めて、いくつか病院へ行っても原因がわからず、何年か悩んだ揚げ句、私のところへ相談にきてくれたのでした。

はたして届いてくるメッセージを読み取ると、実家の水まわりが原因であることがわかりました。

女性に尋ねると、心あたりがあると言います。幼少の頃から女性の実家の台所は常に洗いもので溢れ、キレイとは言いがたい状態で、そんな状況があたり前になっていたそうです。

水まわりを不潔にしていると、あの世のご先祖さまにも悪影響を与えてしまいます。

つまり、ご先祖さまが天国で川のそばを歩く足下がおぼつかなくなったり、暗くなったりして、歩きにくくなるのです。

水まわりというのは、台所や洗面所、トイレのほか、古い井戸などもそうです。水まわりの扱い方が明らかに雑だったり、ひどかったりすると、あの世に悪影響を及ぼし、それがはね返って、この世に影響する場合があるのです。

逆にいうと、この世で水まわりをキレイにして過ごしていると、あの世にもよい影響を及ぼします。そのよい影響がまた私たちに影響する。前述しましたが、お墓参りに限らず、ありとあらゆる事柄で、あの世とこの世はお互いに影響を与え合っているのです。

この女性の場合は、実家の水まわりの掃除をしたあとに、お墓参りに行って謝ると、発疹が治ったそうです。

水まわりを管理できていないのは親の責任ですが、あまりに状況がひどい場合は、世代をまたいで負の影響が出ることもあります。

また、こんな例もありました。

あるお母さんが息子さんのことで悩んで、相談にこられました。13歳の息子さんが、突然原因不明の病に倒れて、しばらく入院して何とか体調は回復したものの、今度はうまく言葉を発することができなくなってしまったと言います。

メッセージを読み取ると、その症状が出たのはご先祖さまが原因でした。ご先祖さまが何をしてしまったのか、そこまではわからなかったのですが、先祖の悪事が世代を超えて、子孫にまで影響を与えてしまったのです。

世の中には生まれ持って強運の人もいますが、その逆もあります。それは往々にしてご先祖さまからの影響も少なくありません。

ご先祖さまが不幸の原因となった場合、先ほどと同様にお墓参りへ行くようにお伝えしています。でも、お母さんはまさか先祖のせいで病気になってしまったとは息子本人に言えません。ですから、一緒にお墓参りに行って、

「お母さんのために手を合わせて、ごめんなって一言、謝ってくれない？」

そう言うように伝えました。

先祖のせいで病気になってしまったと、本当のことを言ってしまうと、息子さんがご先祖さまを恨んでしまうことになるので、そこは伝えなくてもいいのです。

ただお墓参りをして、手を合わせて謝る。

そんな形式的なことでいいのかと思う人もいるかもしれませんが、実際に心をこめて行動するだけで、不思議と静まることがあるのです。

身に覚えのない不運が続く、謎の不幸が立て続けに起こるようなときは、あまり深く考えすぎず、ただ水まわりをキレイにしたり、お墓参りをしたりすると、あっさりと解消することがあります。

どちらも実行しようと思ったら、すぐにでもできること。まずは実践してみてほしいと思います。

あとがき

「スピリチュアル テラー」として活動をするようになり、本当にたくさんの方の相談にのらせていただいております。中でも大切な方を亡くし、これからどう生きていったらいいのかと悩まれる方が多く、私のみえている世界のことを伝えて、みなさんにもっと幸せに生きてもらいたいと思うようになりました。

死後の世界を伝えることで、少しでも悲しみが安らいで、生きていく勇気を持ってもらえたら。さらには、せっかくいただいたこの命、優しい心で、思いっきり自由に「人生」という冒険を楽しんでほしい。

いつしか、そんな思いが伝えられる本を出版したいと考えるようになりました。それが、今回この本の構成を担当してくださったライターの江角さんと出会ったことで、あっという間に夢が現実となったのです。

「笑っても一日、泣いても一日」

これは、子どもの頃に私の母が言っていた中で一番好きな言葉です。亡くなった人への思いをなかなか断ち切れない気持ちはよくわかります。でも、せっかく同じ一日を過ごすのなら、泣いて過ごすよりは、笑って過ごしたいと思いませんか。

この本を通じて伝えたかったことの一つに、「自分に素直に生きることの大切さ」があります。せっかく「人間」としてこの世に誕生したのです。一秒たりとも無駄にしてほしくありません。やりたいことがあるなら、躊躇《ちゅうちょ》せずに、今すぐやってみてください。

大丈夫、あなたにはあなたを応援してくれる味方が必ずいます。それを信じて行動し、一人でも多くの人が幸せになってくれたらと願っています。

最後まで読んでくださり、ありがとうございました。

2020年1月

スピリチュアル テラー サトミ

〈著者プロフィール〉
サトミ
京都生まれ、京都在住。母子ともに命が助からないかもしれないと言われるほどの大難産の末、この世に生を享ける。その後、数奇な道を歩み、現在はスピリチュアル テラーとして活動。好きなことは、仕事、旅、ライブに行くこと。

亡くなった人と話しませんか

2020年1月10日　第1刷発行
2020年2月20日　第7刷発行

著　者　サトミ
発行人　見城 徹
編集人　福島広司
編集者　四本恭子

GENTOSHA

発行所　株式会社 幻冬舎
〒151-0051　東京都渋谷区千駄ヶ谷4-9-7

電話　03(5411)6211(編集)
03(5411)6222(営業)
振替　00120-8-767643
印刷・製本所　株式会社 光邦

検印廃止

万一、落丁乱丁のある場合は送料小社負担でお取替致します。小社宛にお送り下さい。本書の一部あるいは全部を無断で複写複製することは、法律で認められた場合を除き、著作権の侵害となります。定価はカバーに表示してあります。

© SATOMI, GENTOSHA 2020
Printed in Japan
ISBN978-4-344-03559-1　C0095
幻冬舎ホームページアドレス　https://www.gentosha.co.jp/

この本に関するご意見・ご感想をメールでお寄せいただく場合は、
comment@gentosha.co.jpまで。